HISTORIA DE CASTELLÓN EN PILDORITAS

José Vilaseca

EDITORIAL
SARGANTANA

Historia de Castellón en pildoritas

© Del texto: José Vilaseca
© De la ilustración de portada: Raúl Salazar
© De las fotografías: Vicente Alventosa Carro, *Tuscasasrurales*, Ajuntament de Borriol, Andreas Kreiter, Santiago López Pastor, Juan José Tirado Darder, Modes Rodríguez, Ricart García, Vicente Villamón, *Top Sport Hollydays*, Herbolario Allium, Aureliano de los Ríos, Àngela Llop, Gervasio Varela, Jordi Roig, Conferencia Episcopal Española, *Be a Local: Valencia*, Manel *MiniManel,* Estudio *WebDoce,* archivo familiar Vilaseca García, Manuel Gómez, Manuel *Minimanel* y Javier García Martínez

© De esta edición: Editorial Sargantana, 2024
Email: info@editorialsargantana.com
www.editorialsargantana.com

Primera edición: febrero, 2024

Impreso en España

ISBN: 978-84-127516-4-2
Depósito legal: V-303-2024

ÍNDICE

PRÓLOGO

Hay un refrán que dice que lo bueno, si breve, dos veces bueno. También que los mejores perfumes vienen en frasco pequeño. Tienen toda la razón.

Cuando mi querido amigo José Vilaseca me pidió un prólogo para su nuevo libro de *Historia en pildoritas*, fue para mí un orgullo, pero también una responsabilidad enorme. ¿Por qué? Siento una admiración enorme hacia él, como persona y como escritor, y quiero estar a la altura de lo que merece.

Solo él, escritor de mente inquieta, podría escribir unos libros que muchos atesoramos, esas «pildoritas» que desgrana página a página descubriendo al lector curiosidades y leyendas que desconocíamos por completo. Son pequeñas obras de arte, de aprendizaje y crecimiento.

Somos muchos los que le hemos pedido que escribiera, y añadiera a la colección, la *Historia de Castellón en pildoritas*. Por fin, después de hacerse de rogar, nos hace caso. Sabes que no hubiéramos parado nunca, José.

Ahora, amigo lector, que estás sentado cómodamente, con el libro entre las manos, pasa página, deja atrás este prólogo y adéntrate en las maravillosas historias que José Vilaseca tiene que contarnos. Si te concentras, podrás escuchar su voz deslizando cada *pildorita* en tu cabeza.

Larga vida a las «pildoritas».

MIQUEL SANCHIS
Escritor

INVERNALIA

A José Vilaseca lo conocí hace ya bastante tiempo, tanto como para ver que su carrera de escritor se ha consolidado gracias a excelentes proyectos literarios. La primera vez que me topé con él fue en la presentación de un libro en Vila-real, en la que él mismo se encargó de la introducción. Su oratoria, en cierto modo juglaresca a la vez que interesante, me cautivó. No tardé en comprobar que, tras su monólogo dicharachero, habitaba la voz colaboradora de ciertos programas de radio en la ciudad de Valencia. Ese mismo acto literario nos llevó a coincidir en numerosas ferias, en las que compartimos anécdotas (bufones, títeres y empalagosas magdalenas de por medio) y, evidentemente, forjando la simpatía en amistad.

En su narrativa, Vilaseca tiene el don del escritor abstemio, tan valiente y arriesgado para los tiempos que corren. Por este motivo, comprometido con los valores que lo han convertido en la persona que es (amado por unos y cuestionado por otros), suele usar su escritura para hacer crítica social, defendiendo, sobre todo, la cultura y las tradiciones de su tierra. Y es aquí donde me detengo. Entre su extensa bibliografía, con casi una quincena de libros publicados, destacan sus «pildoritas» de la historia del Reino de Valencia.

Cierto día, tras varias publicaciones sobre leyendas de Valencia y Alicante, le di un tirón de oreja y le lancé el guante para que se pusiera manos a la obra con Castellón. Los de Invernalia siempre hemos sido los eternos olvidados de la Comunidad Valenciana, esa es la verdad. Como vecino de la provincia de Castellón, reivindico el enorme papel que siempre ha ejercido nuestro territorio dentro del extinto reino, ahora convertido en comunidad autónoma. Porque también somos un pueblo valenciano, con cultura e historia propias, que debe ser compartida con nuestros hermanos del sur y el resto de España.

Y aquí, amigo lector, en este libro que ahora tienes en las manos, con casi un centenar de interesantes «pildoritas», gracias a la generosidad de su autor, vas a tener la ocasión de descubrir y disfrutar leyendas de un magnífico lugar ubicado, como cantaban Los Secretos, «entre el límite del bien y del mal».

JAVIER GARCÍA MARTÍNEZ
Escritor

INTRODUCCIÓN

«¿Para cuándo Castellón?», era una letanía que sonaba en mis oídos desde hace años, que ni siquiera las docenas de «pildoritas» de la provincia recogidas en *Historia del Reino de Valencia en pildoritas* conseguían aplacar. Y es que nuestros lectores querían recorrer ese universo mítico, legendario, lleno de historias y curiosidades que se vislumbra desde lo alto del Peñagolosa.

Lectores y amigos me recordaban, como el esclavo que le insistía al rey persa Darío aquello de «acuérdate de los atenienses», que tenía una cita ineludible con Castellón. Cada nueva feria del libro *a vora mar* en Moncofa o Xilxes, cada visita a mis buenos compañeros de letra en Burriana o Vila-real era esa cicatriz en la frente del niño-mago que dolía cuando «lo que no debe ser nombrado» se acercaba.

¿Y por qué no me puse antes manos a la obra? ¿Falta de inspiración, pereza…? En realidad, un temor atávico de no hacer justicia a esa historia milenaria que hasta el rincón más apartado de la provincia esconde, aguardando al visitante para mostrar sus riquezas, sus rarezas y sus tesoros. Esa sensación de que me iba a dejar algo en el tintero, que me ocurre en todas las ocasiones en las que abordo un lugar a través de sus «pildoritas», se hacía más intensa en el caso de Castellón: ¿Me estaba pasando con los milagros y me olvidaba de los sucesos extraordinarios más mundanos? ¿Los personajes célebres que mencionaba merecían el espacio que les dedicaba? Al final, la última palabra siempre la tienen los lectores y espero haber acertado con mis decisiones.

Decisiones, por otro lado, que no hubieran sido tan certeras sin, como dice la canción de los cuatro muchachos de Liverpool[1], «una ayudita de mis amigos»: mi compañero de fatigas en la Junta Mayor de la Semana Santa Marinera, Vicente Montañés, natural de Borriol; mi camarada de andanzas lingüístico-políticas y magnífico guía viviente de Moncofa, Ricart García; el siempre intenso polemista en redes, firme defensor de todo lo bueno y culto que tiene Castellón, Ricardo Goterris; la familia Badía Gómez, de Artana, cuyas puertas abiertas de casa me han ofrecido tanto y tan bueno. Y, por supuesto, mis queridos prologuistas de Castellón, Burriana y Vila-real, con quienes comparto el siempre complejo oficio de la pluma mojada en tinta. A todos ellos, y a quienes de una u otra forma han participado en este proyecto, un millón de gracias.

Sé que a muchos no les voy a descubrir nada de su tierra…, pero siempre es agradable recordar aquellos lugares, aquellas leyendas y las historias que, a la luz del hogar y de bocas de abuelas y tíos, nos ayudaban a imaginar nuestro pasado. Y a todos los que se asomen por primera vez a cualquiera de las numerosas curiosidades que hemos cocinado para ustedes, gracias por la confianza y disfruten de un paseo por el mito, por la magia, por la ciencia y por los vestigios más escondidos de la historia de Castellón… con la dulzura de una «pildorita» llena de cultura y amor por nuestros antepasados.

---

1 Aunque, entre ustedes y yo, siempre me ha gustado más la versión ronca de Joe Cocker.

ALCORA
De tambores, campanas y otros rollos

Al comenzar una nueva colección de «pildoritas», quizá lo más complicado del proceso sea seleccionar y condensar algunas de las curiosidades de muchos municipios que ofrecen una historia tan densa e interesante que hace difícil escoger una o dos de sus leyendas y dejar fuera al resto. Así ocurre con Alcora, municipio de l'Alcatalén, cuyos principales atractivos se reúnen alrededor de los tambores, las campanas y los rollos.

Pero, empezando por el final, no se trata de rollos cualquiera, de rollos macabeos, sino de dulces rollos repartidos por los más pequeños durante la romería de San Cristóbal, patrón de la localidad, y cuyo origen se remonta a mediados del siglo XVIII, donde una pertinaz sequía azotaba sus cultivos y aniquilaba su ganado. Procesiones, promesas y todas las oraciones del mundo no fueron suficiente para atraer la lluvia, hasta que se decidió organizar una romería formada por los niños más pequeños, que, tras visitar la ermita de San Cristóbal, consiguieron la intercesión del santo y, al segundo día, comenzó a llover de manera milagrosa y se salvaron las cosechas. Se afirma que una de las vecinas entregó un costal de harina a las madres de los pequeños, que amasaron rollos con anises para celebrar su hermoso acto.

No es, ni mucho menos, el único milagro atribuido a San Cristóbal y a su ermita, la más elevada en todo el municipio: se cuenta que un grupo de mineros oyeron el toque de la campana, que anunciaba la hora de descanso para comer y salieron de la mina. Sorprendentemente no era la hora de comer y nadie fue capaz de decirles quién había tañido la campana y, mientras comentaban con asombro el suceso, fueron informados de un grave derrumbe en la mina que, de haber estado en su interior, habría supuesto la muerte de todos ellos.

Ya sin milagro, pero con una enorme devoción religiosa, convertida en un auténtico atractivo turístico, se encuentra la Semana Santa con uno de sus actos más concurridos, la «rompida de la hora» de Viernes Santo, donde más de mil tambores suenan a la vez recordando el temblor de tierra que sucedió a la muerte de Cristo, un acto declarado bien de interés cultural con más de treinta años de vigencia, que se ha extendido por otras poblaciones de la provincia y que procede del Bajo Aragón, una experiencia única e irrepetible que recomendamos vivamente.

ALMAZORA / ALMASSORA
La villa del Millonari

La imagen del «tío rico que hizo fortuna en América» es tan popular en nuestro país que rara es la familia que no ha tenido algún antepasado que intentara la aventura americana... con mejor o peor fortuna. Sin embargo, el caso de Juan Bautista Porcar, *el Millonari*, y su villa de Almassora refleja hasta qué punto esta clase de personaje representó lo mejor y lo peor del emprendedor que, como solía decirse, cruzaba el charco.

Hijo de un humilde zapatero, se cuenta que marchó a Uruguay sin dejar prácticamente nada atrás, ni siquiera amigos, y consiguió amasar una considerable fortuna gracias a una empresa de exportación de pescados. Tras más de tres décadas al otro lado del mundo, regresó en olor de multitudes dispuesto a congraciarse con sus vecinos con toda clase de detalles: la peana para la patrona, santa Quiteria, en 1949; así como la nueva talla de Nuestra Señora de la Natividad; o la práctica totalidad de las Calderas, festividad centenaria del lugar, tres años más tarde, con lo que se metió en el bolsillo a todos sus convecinos.

A nadie pareció importarle, después de aquel dispendio, que comenzara las obras de una fastuosa villa por la que no pagó ni una sola de las acostumbradas tasas municipales. Pronto comenzaron las habladurías, como que el inmenso jardín lleno de especies exóticas, muchas importadas de Sudamérica o de las islas Canarias, se debían a los problemas respiratorios de su hija, que no podía abandonar los terrenos de la mansión por miedo a ahogarse. En los primeros años, las fiestas que se celebraban en la villa de Porcar eran consideradas las mejores del lugar.

Pero, con el tiempo, Porcar se cansó de ser el alma (y el patrocinador) de festejos que disfrutaban otros, y la relación con el municipio comenzó a enfriarse: primero regresó a Sudamérica y, finalmente, falleció en Valencia. A pesar de nombrar herederos de su imperio, la villa en Almassora sufrió distintos saqueos y, desde hace casi medio siglo, permanece en un estado de abandono absoluto.

ALMENARA
El buen suceso del Cid

Como ocurre con muchas figuras históricas, su mito y sus leyendas superan a sus obras, y cada paso que dieron, cierto o inventado, deja una huella imborrable en la memoria colectiva durante generaciones. De Rodrigo Díaz de Vivar, *el Cid*, nuestra tierra conserva estatuas, huellas en la montaña, espadas y, concretamente en Almenara, buen suceso y dedicatoria literaria, nada menos.

En este caso, el anónimo *Cantar de Mío Cid* recuerda la conquista de Almenara como lugar estratégico para el asalto sobre la siempre inexpugnable Sagunto (aunque el texto, en una licencia poética propia de la épica del momento, ubica este hecho antes del sitio de Valencia, ya conquistada en realidad cuando el Cid fija su atención sobre Almenara).

Dentro del relato, se explica que el caudillo reunió a sus caballeros en un monte que, aún en la actualidad, mantiene el nombre de Punt del Cid, con intención de arengarlos antes de la batalla y que, tan pronto conquistó la plaza, ordenó erigir una ermita en honor a la Virgen del Buen Suceso (advocación que lo acompañó durante buena parte de sus campañas). Este suceso, valga la redundancia, se explica en el himno dirigido a la Virgen en los siguientes términos: «Vuestra protección publica / el Cid, que al entrar triunfante / en Almenara, al instante / una iglesia os edifica: / habiendo dado el travieso / con la perfidia legión. / Toda Almenara por eso / os entrega el corazón».

Almenara volvió a caer en manos sarracenas, pero eso no impidió que la imagen se conservara por parte de algún vecino cristiano que, escondiéndola en una tinaja, la ocultó de la vista del enemigo. Fue recuperada casi dos siglos más tarde, tras la conquista de Jaime I, por unos vecinos mientras realizaban unas obras en la vivienda donde estaba la tinaja. Sin reconocer la talla mariana y sin nadie que recordara su origen, se organizó una votación para asignarle un nombre, y apareció «Buen Suceso»... ¡cuando ninguno de los participantes había elegido dicha denominación! Hasta tres veces se repitió, retirando aquel nombre y volviendo a aparecer una y otra vez, hasta que se dieron cuenta de que, de alguna manera, la Virgen deseaba recuperar esa denominación tan característica.

ALTURA
¡Que llueva, que llueva!

En un volumen anterior de la saga *Historia en pildoritas*, explicábamos buena parte del origen de la cueva Santa de Altura, la talla en yeso surgida de las manos de fray Bonifacio Ferrer y las peripecias de esa imagen hasta que, finalmente, acabó siendo venerada en la localidad, convirtiendo esa oquedad en la tierra llena de estalactitas en su morada hasta la actualidad. Sin embargo, quedaron muchas curiosidades en el tintero que, en este libro, vamos a revelarles.

Como, por ejemplo, las romerías que se vienen celebrando desde 1622, cuando, debido a una pertinaz sequía, la santa fue sacada en procesión desde su refugio. Hay una gran cantidad de ocasiones en las que la imagen ha «intercedido», de alguna manera, para que lloviera. Destacada es la anécdota de 1726 en la que se traslada la talla hasta la catedral de Segorbe, romería en la que participan numerosas poblaciones afectadas por la sequía, y que consiguió lluvia y nieve en cuestión de un par de jornadas. Comenzó entonces a extenderse por los campos la expresión popular «no plourà mentre/fins que no ixca la Palometa» (debido a que la talla es conocida como Blanca Paloma). Aún más popular se hizo la canción infantil que comienza con «Que llueva, que llueva, la Virgen de la Cueva…», y cuya letra, con distintas versiones, ha llegado a nuestros días.

Otro detalle es que la cueva también es conocida como cueva del Latonero, debido a que desde antiguo se ubicaba en la entrada un ejemplar de almez o latonero, un árbol centenario que, en la actualidad, mantiene la distinción de «árbol monumental» dentro del registro botánico de la Generalitat.

Para acabar, quiero señalar el hito conocido como pilón de la Pota del Caballo, donde se cree que quedó la marca de la pisada de la montura de Juan Yolaville, soldado flamenco que fue herido a traición por un compañero y que, al pasar por la cueva Santa sin confesarse (por haber jurado venganza contra el felón frente a sus compañeros de armas), ve como su caballo clava la pata, se niega a avanzar y lo derriba por dos veces. Tras experimentar visiones de la Virgen, que lo anima a confesar sus pecados, regresa al santuario y, antes de reemprender la marcha observa, asombrado, que la huella del animal permanece indeleble desde entonces. En un retablo de cerámica resume la anécdota con la frase: «De María luz bella / a Yolaville derriba / que a su altar contrito arriba. / Ved del caballo la huella».

ALTURA

La cartuja del antipapa

Podrán encontrar en este mismo ejemplar numerosas historias referidas a Benedicto XIII, más conocido como papa Luna, que llegó a ser señalado como *antipapa* tras negarse a renunciar a su papado y provocar el gran cisma de Occidente en la Iglesia católica. Hay varias curiosidades de su castillo en Peñíscola (utilizado como gran plató de cine y televisión desde *El Cid*, con Charlton Heston, a la más reciente *Juego de tronos*) y de su escritorio y biblioteca privada, considerada una de las más valiosas del mundo en su época.

Sin embargo, otro de los protagonistas de aquel cisma fue Clemente VII, también considerado *antipapa*, y que ofreció su bula (permiso) para erigir uno de los grandes tesoros arquitectónicos, prácticamente olvidados en la actualidad, y que construyó el rey Martín el Humano: se trata de la cartuja de Vall de Crist, en Altura, de estilo gótico y prácticamente en ruinas.

Un simple paseo por sus alrededores nos ofrece una perspectiva reveladora de lo que llegó a ser aquella construcción: bajo su esfera de influencia se repartían numerosas industrias, comercios, viviendas, terrenos agrícolas y negocios a lo largo y ancho del Reino de Valencia (mantuvo, desde su fundación, señorío de las villas de Alcublas y Altura), además de acoger a visitantes ilustres (desde fray Bonifacio Ferrer a san Ignacio de Loyola o el ya mencionado Benedicto XIII), así como eventos de gran importancia, como el Compromiso de Caspe (que permitió a Fernando de Antequera convertirse en monarca de la Corona de Aragón).

Curiosamente, su época de mayor riqueza la obtuvo a partir del siglo XVIII, cuando uno de los edificios anejos, conocido como masía del Batán, comenzó a fabricar papel de estraza (posteriormente se convertiría en papel blanco, de mayor calidad), con lo que se pasaría a ser una de las industrias del ramo más importantes de toda España. Tras la desamortización de Mendizábal y casi cien años de abandono, el deterioro debido a los elementos, así como robos y saqueos, han supuesto que solo se mantengan en un estado aceptable de conservación la iglesia Mayor y la de San Martín; varias entidades culturales y de defensa del patrimonio se encuentran, desde 2003, desarrollando iniciativas que permitan recuperar el prestigio y la importancia que esta cartuja tuvo en el pasado.

ALTURA
¡Dejen de molestar al murciélago!

En la literatura universal suelen aparecer relatos apasionados tras los pasos de un tesoro misterioso: desde, valga la redundancia, *La isla del tesoro*, de Stevenson, a *El código Da Vinci*, donde la metáfora de la sangre de Cristo y el linaje divino se convierte en toda una revelación. Sin embargo, alcanzar ese tesoro suele suponer saqueo, pillaje y expolio, y en un espectacular espacio castellonense saben bien lo que es sufrir estos desmanes.

Nos trasladamos de nuevo a Altura, cuyos parajes montañosos nos han regalado innumerables oquedades con sus secretos y sus leyendas; en este caso, a la llamada cueva del Murciélago, una cavidad situada a setecientos metros sobre el nivel del mar y que, en su momento, reunía una impresionante colección de estalactitas y estalagmitas. Ha sido lugar habitado desde la Edad de Bronce, de lo que tenemos conocimiento debido a los numerosos restos de cerámica y herramientas hallados a lo largo de los años (los expertos han valorado incluso la posibilidad de que haya sido empleado como lugar de enterramiento). En tiempo más reciente fue usada como refugio para el ganado dada la proximidad de numerosas veredas y caminos trashumantes.

De las numerosas leyendas que reúne, la principal es la que recuerda que las parejas que se tomen de las manos junto a su impresionante columna central, separada apenas unos centímetros, nunca se separarán. De igual manera, otras leyendas más recientes tratan de advertir a quienes se lleven lo que no es suyo y los condena a una vida de infortunio si salen de la cueva con objetos de su interior (otras versiones llegan a señalar la aparición de una vieja moneda de oro tan brillante que es capaz de iluminar la cueva entera, cuya sustracción causa desgracia eterna a quien la tome, en concreto, atrapando su brazo y condenándolo a vivir por siempre en aquel lugar tenebroso).

Su nombre responde a la numerosa colonia de murciélagos que residen en su interior a pesar de que se trata de un lugar fácilmente accesible y no vigilado, hecho que ha facilitado que sus «tesoros» hayan sido esquilmados por desaprensivos; y, como no podía ser de otra manera, hasta las «ratas aladas» cuentan con su leyenda, ya que se asegura que quien observa un murciélago y, sin molestarlo, abandona de inmediato la cueva, se verá acompañado siempre por la buena fortuna. ¡Tesoros con forma de leyenda!

ALTURA

El último zahorí

Quizá no sea el último y otros recojan su testigo en el futuro, pero seguramente esa rara destreza de quienes son capaces de encontrar agua bajo el suelo solo con «sentirla» sea toda una habilidad en vías de extinción. Cierto que uno de los antecesores del protagonista de nuestra historia, san Vicente Ferrer, consiguió extender ese «milagro del agua» en numerosas poblaciones valencianas, como Llíria o Bocairent, pero lo cierto es que en la actualidad esos sucesos son tan sorprendentes como en la Edad Media o más.

Ubiquémonos pues: Félix Gómez, nacido en Ciudad Real, fue sacerdote y capellán de la cueva Santa de Altura desde 1971 hasta su jubilación, donde completó más de cuarenta años de labor pastoral. Falleció en 2018 dejando tras de sí un halo legendario. Desde 1986, desarrolló una habilidad para descubrir depósitos y corrientes de agua subterráneas, hasta el punto de contabilizarse casi un millar de puntos señalados por Félix y que ayudaron a convertir en pozos; tal era su fama que no solo facilitó la labor de excavación de pozos en la provincia de Castellón, sino que llegó a ser reclamado en varios países de África para ayudar a los lugareños con sus cosechas.

Se afirma que tenía la habilidad de «captar las radiaciones de la naturaleza», en especial detectar el curso de las aguas, aunque el propio sacerdote explicaba, en un documental que recogía su vida y milagros, que se trataba de un don milagroso que le había rogado a la Virgen de la cueva Santa para facilitar el acceso del preciado líquido para la propia localidad y su santuario. No solo consiguió localizar fuentes de agua, sino también ayudó a encontrar restos mortales de desaparecidos durante la Guerra Civil y se le llegó a consultar para localizar las últimas reliquias de san Vicente Ferrer, localizándolas en la capilla de la Comunión de la iglesia de Cristo Rey - La Roqueta en Valencia (donde no pudo llevarse a cabo la excavación más allá de los cuatro metros y medio de profundidad por importantes dificultades técnicas).

ARES DEL MAESTRAT
El precio de una promesa

En nuestra tierra no hay promesa imposible ni reto insalvable: tanto da que sea por fe, por convicción o como respuesta a la muy castiza expresión «¡No hay huevos!» (que, ojo, ha llegado a inspirar canciones), la palabra dada va a misa…, y en el caso de Ares del Maestrat, nunca mejor dicho.

Porque, por si no lo sabían, la venerada ermita en honor a santa Elena fue erigida precisamente gracias a la promesa de Miguel García, masovero del mas del Racó, que prometió construirla si la santa convertía en fértiles unos campos de su propiedad que nunca habían dado fruto. Agradecido por el prodigio, comenzó a buscar unas tierras adecuadas para la instalación del templo; inicialmente se fijó en unos terrenos cerca de la font Boltà, pero, mientras labraba unas tierras en el mas de les Solanelles, encontró una piedra con una cruz grabada, la alejó y siguió su labor… hasta el día siguiente, cuando volvió a encontrar esa gran piedra justo en el mismo lugar donde la había encontrado, y comprendió que era deseo de la santa que su ermita se erigiera justo allí, como si su mano divina marcara el punto exacto de ubicación (¡un GPS celestial!).

Tan sorprendente fue el milagro que no solo Miguel invirtió buena parte de sus bienes en la construcción, sino que muchos vecinos participaron en las generosas aportaciones, la mayoría de ellas en especie (cereales y lana principalmente), hasta el punto de que se tuvieron que recoger esas donaciones en un cuaderno de obras que todavía se conserva.

Para recordar este suceso, la festividad de Santa Elena, en mayo, recorre en romería los alrededores, con gozos y bendiciones a la propia tierra, y el reparto por parte del *majoral* de la llamada *prima* (piezas horneadas de forma característica), preparada por las vecinas. Se trata de una tradición antigua, datada en 1763, coincidente con la finalización de la ermita (cuya construcción se demoró nada menos que veintiún años), y que, en su momento, reunía a una gran cantidad de participantes debido a que acudían también vecinos de Benasal, Castellfort y Vilafranca.

ARTANA
De dos en dos

En ocasiones la estadística nos deja datos sorprendentes, como que en España las personas más altas están en Sabiñánigo (superan con diferencia la media nacional), las más ancianas residen en Alique (Guadalajara) y el lugar del país donde hay más pelirrojos (entre un 10 % y un 15 % según épocas) es en Añora (Córdoba). De todos estos datos curiosos y estadísticas que suelen rellenar un par de minutos en los telediarios, disfrutamos de una en Artana: el mayor porcentaje de gemelos de toda la Península.

Y es que, en condiciones normales, no más del uno por ciento de los embarazos naturales son gemelares (este dato se incrementa en las gestaciones *in vitro*), hecho que se triplica en Artana: en el último siglo, esta población de menos de dos mil habitantes de la Plana Baja castellonense ha visto nacer a casi medio centenar de parejas, y algún que otro trío, de hermanos idénticos.

Los habitantes hablan de las propiedades milagrosas del aceite y, sobre todo, del agua de los manantiales naturales del lugar, que ha animado a muchas madres en el «dulce proceso de búsqueda de descendencia» a visitar Artana y llenar la cantimplora.

Aunque la ciencia parece haber resuelto este misterio atribuyendo a la endogamia ocasional de la zona (matrimonios entre primos y primos segundos) la multiplicación de las posibilidades de un embarazo gemelar, sea como fuere, Artana mantiene uno de esos récords curiosos que bien merecen una «pildorita» en nuestro libro.

BENASAL-CULLA

El templario enamorado

La historia de Benasal, primero como parte de la llamada Setena de Culla, pasando de manos de Guillem d'Anglesola a la Orden del Temple y, posteriormente, a la de Montesa, ofrece una enorme cantidad de detalles históricos sobresalientes que darían para libro propio. Sin embargo, hoy nos detendremos en una de sus leyendas más conocidas, recogidas incluso por el que fuera alcalde de Valencia, José Ruiz de Lihory, que firmaba sus textos como «barón de Alcahalí», y que resume perfectamente el clásico texto literario lleno de magia, encanto, romance y misterio, y que la sitúa en el origen de la antigua mezquita del monte Moncàtil, a más de mil metros de altura.

El relato habla de un caballero templario, de nombre Cristóbal Asens, que quedó prendado de una doncella mora, de nombre Oras, hija de un sarraceno de buena posición y que residía en una de las alquerías cercanas a la ermita de Nuestra Señora de Gracia. A pesar de su juramento como caballero templario, el amor por la joven le hizo rondar la ermita y, con la excusa de orar en dicho templo o de salir de caza por los alrededores, buscaba el momento de hacerse el encontradizo con ella. En una ocasión llegó, sediento, a un estanque cercano donde, para fortuna suya, dio a parar con la muchacha.

Para su sorpresa, la joven le confesó su amor, pero también su temor a que su pecado fuera descubierto y supusiera la amarga condena para ambos. Mantuvieron el idilio en secreto, ayudados por un joven sirviente, hasta que Cristóbal fue llamado a las armas en Peñíscola y, poco después, trasladado a Francia, donde comenzaban a oírse las primeras denuncias hacia su orden. El caballero le pidió un juramento de amor que nunca llegó a recibir, pero tras robarle un beso y decirle «Tuyo soy siempre» mantuvo en su corazón la confianza de que, a su regreso, podrían estar juntos de nuevo.

Sin embargo, cuando volvió a Benasal y visitó la ermita, comprobó que su amada Oras se había entregado a los brazos de aquel joven sarraceno. Roto de dolor, entró en el templo… y allí lo encontró el ermitaño, a punto de tocar a ánimas, con una daga clavada en el pecho y un medallón apoyado sobre los labios deteniendo un juramento. Se ofreció a darle la extremaunción y, al separarle el medallón de los labios, solo obtuvo de él tres palabras: «Tuyo soy siempre». Informado del hecho y conocedor de la historia, el gran maestre templario ordenó que la ermita fuera derribada y, de inmediato, construida una nueva bajo la advocación de san Cristóbal, que recordara el amor y el honor que movieron al caballero templario Cristóbal Asens por aquella joven caprichosa.

BENICARLÓ

El Cristo que llegó del mar

Castellón es mar y es montaña, pero también una profunda devoción religiosa, con deslumbrantes fiestas patronales. Por todo ello, no es raro que muchas de las imágenes religiosas veneradas en nuestros pueblos aparezcan escondidas en cuevas o lleguen traídas por la marea hasta la costa: este es el caso del Cristo de la Mar de Benicarló, que vamos a compartir con ustedes.

Cuenta la leyenda que la imagen fue portada a Benicarló por César Cataldo, caballero italiano que había sido capturado por los piratas berberiscos y encerrado en Túnez a la espera de ser vendido como esclavo; durante su cautiverio contempló, a través de los barrotes de su celda, la talla de un cristo crucificado amontonado con el botín pirata, y a él dirigió sus oraciones rogando por su liberación. Una noche observó que la portezuela se encontraba abierta y logró escapar, no sin antes tomar para sí el cristo y embarcar en un destartalado navío con el que consiguió cruzar el Mediterráneo hasta Castellón.

Al llegar a Benicarló, los pescadores le advirtieron que la población sufría una epidemia de peste bubónica (que afectó a buena parte del antiguo Reino de Valencia y que se cobró la vida de casi veinte mil personas), y que se alejara a toda prisa. Sintió que su deber era llevar el cristo a tierra y compartir sus bendiciones con aquella gente desgraciada: tan pronto desembarcó, el pueblo lo recibió con enorme hospitalidad y allá por donde pasaba la imagen, la peste sanaba milagrosamente. Finalmente, la plaga desapareció por completo y, agradecidos, los benicarlandos erigieron una ermita donde la talla se conservó... hasta la llegada de la Guerra

Civil, cuando fue quemada durante los saqueos, salvo dos dedos de la mano que se incorporaron a la réplica exacta que se hizo al finalizar la contienda, que aún pervive hasta nuestros días y que es sacada en procesión.

BENICARLÓ

Entre la crónica negra y la conspiranoia

A pesar de que, aún ahora, hablar del llamado «caso Bar España» es bucear en aguas procelosas, lo cierto es que hasta las más modernas leyendas urbanas se basan en los rumores, los dimes y diretes y las distintas versiones, por lo que hemos de imaginar que no dentro de muchos años esta historia entrará a formar parte de la sección «demasiado bueno para ser cierto» de cualquier recopilación de curiosidades, a la altura de la ingente colección de *fake news* que traen los nuevos tiempos consigo.

Al más puro estilo *Asesinato en 8 mm*, las cloacas de esta historia apuntan a la grabación de películas *snuff* en las que se cometen crímenes reales y se inmortalizan. En ellas se verían envueltos niños desamparados, abandonados o acogidos junto a distintos personajes, célebres o anónimos, todos ellos inmensamente ricos y poderosos, que ejercerían toda clase de depravaciones imaginables con los primeros protegidos por esa impunidad absoluta que los villanos de tebeo parecen mantener.

Surgido de la imaginación del pederasta y asesino real belga Marc Dutroux y de su astuta defensa judicial, el rumor se extendió aprovechando distintos crímenes ocurridos en la Comunidad Valenciana (tanto el popular «crimen de Alcácer» como el menos conocido triple asesinato en Macastre), con características similares (víctimas jóvenes y existencia de abusos sexuales), para apuntar a una trama de pederastia organizada que llegó a señalar a posibles participantes con nombres y apellidos (muchas de sus denuncias por injurias y difamación todavía están en proceso de resolución en sede judicial).

Así, a partir de 1990, el relato truculento que implicaba a los propietarios y clientes habituales de dicho local estaba más que completado, e incluía detalles como ritos satánicos o el enterramiento secreto de los niños que morían durante esas prácticas en el patio trasero, y que contaba con miembros importantes de los poderes judicial y ejecutivo para encubrir sus actuaciones. Distintos procesos judiciales, menores inducidos a mentir, pruebas inventadas y una retahíla de sospechas nunca confirmadas conforman la madeja de una historia que, como decía al comienzo, es «demasiado buena para ser cierta».

Curiosamente, muchos autores consideran que la teoría de que había algún restaurante donde se reunían políticos o empresarios de renombre para cometer vejaciones o abusos sobre menores se encuentra detrás del conocido como *Pizzagate* que, en 2016 y durante la campaña de Hillary Clinton para la presidencia de los Estados Unidos, relacionaba a algunos de sus colaboradores con una red de explotación de menores. El local donde se reunirían se llama Comet Ping Pong y se encuentra en Washington.

BENICASIM / BENICÀSSIM
La leyenda de santa Eufrosina

La visita al Desierto de las Palmas siempre es una experiencia única: no solo por ser un paraje natural fascinante, sino por las muchas curiosidades relacionadas con avistamientos ovni en la provincia, que lo han convertido en un lugar de peregrinación para los fascinados por lo oculto. Pero hubo un tiempo donde los peregrinos buscaban la santidad y la trascendencia en la religión, y encaminaban sus pasos al convento de los Carmelitas Descalzos para pedir consejo al sabio hermano José…, que en realidad era una mujer.

La historia, muy conocida (hasta el punto de que el convento la consideró su propia santa a pesar de no haber documento que confirmara lo que la tradición oral dictaba), habla de Eufrosina, una joven del lugar que, tras hacer voto de castidad, se negó a obedecer a su padre, que la obligaba a casarse con un hombre, y decidió fugarse de casa. Sin saber bien dónde acudir, decidió tomar los hábitos de un peregrino varón e ingresar en la orden monástica instalada en el desierto, tomando como nombre José, y así pasar desapercibido.

Ganó tanta fama de sapiencia y sabiduría que la gente acudía a su celda a pedirle consejo, hasta el punto de que su propio padre, desesperado por la ausencia de su hija, acudió a verla. Eufrosina, gravemente enferma, lo reconoció y, antes de morir, le confesó que era ella quien se escondía tras los ropajes de monje. Él, como acto de contrición, tras su fallecimiento pasó diez años en la celda que había ocupado su hija.

En realidad, la leyenda local adapta la historia real de santa Eufrosina, nacida en el siglo v d. C. en Alejandría, hija única de Pafnucio, y que se cortó el pelo y se vistió de hombre para entrar en un monasterio con el nombre de Esmaragdo; a pesar de que la orden carmelita surge en el siglo XII, aparecen numerosas pinturas dedicadas a santa Eufrosina con el hábito carmelita, mientras que en el monasterio castellonense se conserva un antro (o cueva), datada a mediados del siglo XVIII, con la escena de la muerte de Eufrosina frente a su padre perfectamente recreada.

BENICASIM / BENICÀSSIM
El alto de Bartolo

Los más veteranos del lugar (ahora mal llamados *boomers* por la nueva generación) recordarán las actuaciones de los humoristas en blanco y negro (tanto por su indumentaria como por su popularidad en los setenta) José Luis Coll y Luis Sánchez Pollack, *Tip*, que nos enseñaban a llenar un vaso con una jarra de agua en castellano y en francés, inmortalizaban el gag del confesionario, nos recordaban aquello de «... y mañana, hablaremos del Gobierno» (en plena Transición) o cantaban con sorna lo de la flauta de un agujero solo, que era la flauta de Bartolo.

Pero nuestro Bartolo no tiene mucho que ver con el humor: se trata de un alto en el Desierto de las Palmas, también conocido como alto de San Miguel, con una magnífica vista panorámica, con una cruz de veinticuatro metros y nada menos que noventa toneladas de peso, que sustituyó a la original datada en 1901 y que fue dinamitada pocos días después del inicio de la Guerra Civil, en 1936 (y cuyos restos todavía se encuentran repartidos por el lugar, principalmente en las proximidades de la ermita que da nombre al monte).

Pero... ¿por qué Bartolo? Pues este nombre popular responde a uno de los tres primeros monjes carmelitas descalzos que se instalaron en el monasterio tras su fundación, a finales del siglo XVII: fray Bartolomé de la Santísima Trinidad, que en un momento de su vida monástica decidió que debía estar aún más solo que junto a sus contados hermanos carmelitas y se trasladó a vivir como eremita a una de las cuevas próximas a la cumbre del monte (en aquel momento llamado Montsoliu).

Tras muchos años de meditación y vida contemplativa, dada su avanzada edad, fue trasladado por los superiores de la orden a su Huesca natal, donde murió ya octogenario. Su fama fue tan grande que los habitantes del lugar comenzaron a referirse al monte con el apelativo del monje (sobre todo desde la erección de la ermita de San Miguel, en 1751, pocos años después del fallecimiento del monje), y hasta nuestros tiempos ha quedado como denominación más extendida.

BENICASIM / BENICÀSSIM

Un paseo marítimo... de otro tiempo

Está de moda el término *vintage* para referirse, por así decirlo, a objetos, vestuario o lugares «viejos pero molones» que tienen un aspecto *retro* y que evocan la máxima de «cualquier tiempo pasado fue mejor»: teléfonos fijos tipo góndola, tocadiscos, gramolas, sofás o incluso locales enteros, sobre todo bares y restaurantes. Pero Benicàssim disfruta de un paseo marítimo que aparece en la gran mayoría de las reseñas turísticas como una joya *vintage:* el paseo de las Villas.

Situado entre la playa de Voramar y la del Torreón, esta sucesión de villas (principalmente modernistas, encontrándonos algún detalle en estilo francés o colonial) son fruto del gusto de la burguesía acomodada de los alrededores por demostrar su nivel económico (su «poderío», como suele decirse) y dibujan una estampa realmente espectacular. La mayoría de las construcciones se llevaron a cabo a lo largo del siglo XIX y, en la actualidad, han quedado como reclamo turístico de primer orden.

El origen del paseo hay que buscarlo en el ingeniero civil Joaquín Coloma Grau, responsable de ampliar la vía férrea entre Tarragona y Almansa, que, prendado por la belleza del lugar, convenció a su esposa, Pilar Fortis (conocida por su nombre de casada, Pilar Coloma, que en la actualidad da nombre al paseo), para que invirtiera en esa primera villa, destinada al disfrute de los meses de verano.

El proyecto trascendió de tal forma que no solo alcanzó a otros potentados locales, sino que numerosos empresarios y notables valencianos y madrileños se vieron atraídos y trasladaron su residencia a Benicàssim, rodeando a esa primera villa con otras muchas, hasta el punto de que el pueblo llano las identificó con nombres tan curiosos como Corte Celestial (las más tranquilas), Infierno (aquellas que organizaban festejos de forma habitual, con música, espectáculos circenses y fuegos artificiales, hasta el punto de llamar la atención a las autoridades) y Limbo (que separaban unas de otras). Un total de cincuenta villas que convirtieron a Benicàssim, para muchos, en el Biarritz del Mediterráneo[2].

2 Durante el siglo XIX, los baños de mar se recomendaban para curar numerosas dolencias, y en 1854 la emperatriz Eugenia, esposa de Napoleón III, construyó su primera villa en dicha localidad francesa; muchos nobles del país vecino siguieron su ejemplo, como ocurrió en Benicàssim.

BETXÍ

El Cristo y la meretriz

Conocida es para los creyentes cristianos la escena bíblica de la lapidación, donde una mujer pública conocida como Magdalena (y generalmente confundida con María Magdalena) está a punto de ser apedreada por la muchedumbre acusada de adulterio, momento que es contemplado por Cristo y cortado de raíz al dirigirse a los presentes con la frase «Aquel que esté libre de pecado que arroje la primera piedra». Algo así ocurrió con la venerada imagen del santísimo Cristo de la Piedad de Betxí, una pequeña pintura sobre madera que representa a Cristo descendido de la cruz y acompañado de ángeles, y que data de mediados del siglo XV.

Cuenta la leyenda que un fraile franciscano del convento de la cercana localidad de Onda la entregó como presente a una prostituta para que abandonara su profesión, considerada la más antigua del mundo. Sin embargo, la mujer volvió a pecar y a ejercer su oficio…, lo que obró el milagro, pues el Cristo pintado comenzó a llorar lágrimas de sangre; el prodigio provocó que la mujer regresara al sendero de la virtud.

En la actualidad, el icono se conserva en la iglesia parroquial de la villa, en una capilla lateral con una profunda decoración de estilo barroco. Sus fiestas, en septiembre, mantienen una procesión de casi seiscientos años de antigüedad que continúa vigente.

Santíssim Crist de la Pietat

BURRIANA / BORRIANA

¿Seis ermitas? Que sean siete

Del fervor religioso de Burriana pocos pueden dudar: no solo las muchas leyendas relacionadas con san Blas («Sant Blai gloriós / deixa'm al xiquet / i endus-te la tos»), sino también de las seis ermitas más que recorren la población… y que eran solo cinco hasta hace apenas unos meses.

Lo cierto es que, históricamente, se conocía la existencia de seis ermitas en la localidad, dedicadas a los santos Blas, Gregorio y Bárbara, al santísimo Ecce Homo, a la Misericordia y a la Sagrada Familia. Sin embargo, se daba por hecho que hubo una séptima, de la que apenas se tenían datos, dedicada a san Mateo; finalmente, y tras unas labores de rehabilitación y diversas excavaciones en la Casa de la Cultura, aparecieron los cimientos y parte del pavimento de la ermita, que se consideraba perdida y, en cierta forma, «fagocitada» por la cercana iglesia de la Merced.

A ciencia cierta solo se sabe que la ermita de San Mateo fue anterior al siglo xv (se apunta a que llegó a estar bajo la advocación de san Miguel), que contenía un pozo que se consideraba milagroso y que fue reseñada en la *Crónica de Valencia*, de Martí de Viciana de esta forma: «En la huerta tiene Burriana un ermitorio so título del apóstol Sant Matheo que es casa de mucha devoción y frecuentada de los devotos cristianos».

Otra de las ermitas más conocidas es la de la Misericordia, tanto por el hecho de encontrarse pegada a una vivienda tradicional (donde residía la ermitana) como por el origen de la imagen titular, la Virgen de la Misericordia: según afirma la leyenda, fue encontrada por unos pastores sumergida en el interior de una campana, en el conocido como estanque del Río Seco o el Clot, después de que oyeran su tañido debajo del agua; muchos autores afirman que su aspecto oriental o bizantino indica su antigüedad, muy anterior a la conquista musulmana.

Finalmente, queremos recordar que el 3 de febrero se celebra la fiesta en honor a san Blas, patrón del municipio y cuya imagen fue traída desde la misma Aljafería de Zaragoza por los primeros pobladores cristianos tras la reconquista. Antiguamente su festividad traía consigo corridas de toros, competiciones ecuestres y la conocida como font del Vi (fuente de la que brota vino una vez al año, y que se acompaña de especialidades gastronómicas locales), aunque en la actualidad tan solo se conserva la última de las tres.

BURRIANA / BORRIANA
Confesiones de un obispo

Aunque este libro no trata de presentarse como una colección de biografías, la importancia de esta personalidad natural de Burriana nos anima a dedicarle al menos unas líneas. Y lo hacemos con el mismo título de, precisamente, su libro biográfico, *Confesiones*, donde narraba algunos de los pasajes más controvertidos de nuestra posguerra y transición democrática: nos estamos refiriendo a Vicente Enrique y Tarancón.

Nacido en el seno de una familia labradora en Burriana, desarrolló su labor sacerdotal entre Vinaroz y Vila-real. A pesar de su apoyo a la causa franquista, sus primeras obras criticaban abiertamente costumbres como el estraperlo y la usura (su pastoral *El pan nuestro de cada día dánosle hoy* le costó casi dos décadas de ostracismo y boicot); a pesar de eso, llegó a ser arzobispo de Toledo, nombrado cardenal primado de España (lo que mantuvo vivo su soterrado enfrentamiento con las posturas más conservadoras tanto del Gobierno como de la propia Iglesia).

Su participación en organizaciones culturales (tuvo el sillón *b* en la Real Academia Española de la Lengua y puesto destacado en el Consell Valencià de Cultura), y su mediación durante el tortuoso proceso de transición democrática lo expusieron a las críticas y el señalamiento público. Llegó a ser amenazado («¡Tarancón al paredón!»), y casi agredido durante el sepelio del entonces presidente Luis Carrero Blanco, y su actitud aperturista hacia la Iglesia vasca provocó que fuera calificado como «rojo y enemigo del Régimen». El llamado caso Añoveros, donde el Gobierno trató de exiliar al obispo de Bilbao, provocó una severa amenaza de excomunión del cardenal Tarancón al mismísimo Francisco Franco, asegurando en sus memorias que llegó a tener el documento escrito en su bolsillo, que nunca llegó a rubricar.

Para la memoria visual de nuestro país queda su misa del Espíritu Santo, primera del rey Juan Carlos I recién coronado (y que muchos interpretaron como una ruptura definitiva de la Iglesia española con el régimen franquista), aunque su activa participación en el Concilio Vaticano II, donde fue nombrado papa Pablo VI (convertido desde entonces en su principal valedor en Roma), ya le abrió las puertas a la eternidad. El cardenal bregó por separar la política de la religión en un país que, en cierta época, se vanagloriaba de ser «la reserva cristiana de Occidente».

BORRIOL

El arte de la tierra... en nuestra tierra

Muchos grandes nombres de la pintura universal han nacido en nuestra provincia: el castellonense Prados Perona, el ondense Manolo Safont, el maestro neoclásico Oliet Cruella (nacido en Morella) o incluso nuestro «adoptivo» más internacional, Juan García Ripollés, que lleva más de una década residiendo en Mas de les Flors. Sin embargo, el caso de Borriol es especial, puesto que se ha convertido en lienzo vivo de una disciplina poco conocida del arte pictórico: el llamado *land art*.

Numerosas esculturas de esta llamativa técnica se reparten por toda el área circundante al municipio: *El pensador*, de Melià Bomboi, muy próxima en la conocida como partida del Cotico; *El bouet de petitó*, de Mercè Galán, con la silueta de un toro bravo en plena embestida; o el impactante *Endobeles*, de la misma autora, un titán que parece surgir del suelo y que se encuentra muy próximo a los vestigios íberos del racó de Farol (esta relación no es casual, ya que la talla representa a un jabalí antropomórfico, puesto que Endobeles era el dios-jabalí al que adoraban los guerreros íberos).

Con estas exposiciones integradas en plena naturaleza, Borriol se une a un movimiento novedoso y muy curioso, en ocasiones efímero pero en el caso de Castellón con intención de permanecer durante décadas; autores reputados como Christo, Walter de María o Milton Becerra han ofrecido una pátina de prestigio a una disciplina que, en nuestra tierra, cuenta con un museo al aire libre de primera categoría.

BORRIOL

Un milagro tras otro

A pesar de que está feo decirlo, quizá Borriol sea una de las poblaciones de nuestro antiguo reino que más cantidad de milagros y sanaciones sobrenaturales tiene registradas en sus crónicas. Para quien no lo conozca, Borriol es un municipio de la Plana Alta castellonense con poco más de cinco mil habitantes cuya historia se remonta a los primeros pobladores de nuestras tierras, habiéndose incluso hallado pinturas rupestres en la zona conocida como Albaroc.

Por ejemplo, al considerado «santo más valenciano», san Vicent Ferrer, se le atribuyen distintos milagros en la población; se afirma que, de regreso de Morella, donde se reunió con el papa Luna y el rey Fernando de Aragón, se elevó sobre una gran piedra y predicó a los habitantes un 14 de abril de 1410. Justo sobre ese lugar se instaló un altar que aún hoy se conserva, y a su alrededor se erigió una ermita que lleva su nombre y que data de 1667.

Se cuenta que, en época contemporánea, una niña que iba en bicicleta sobre el antiguo puente romano que cruza el río Borriol en dirección a la ermita sufrió un accidente y se precipitó sin remedio a la corriente; tan pronto nombró al santo, quedó sana y salva y pudo vivir para contarlo y así convertir su historia en una de esas leyendas que nos encanta narrar en nuestros libros.

Otro de los puntos de mayor fuente de leyendas en la zona son las minas de plata y plomo, muy populares desde la época romana. La más antigua se conoce como mina del Misterio, de donde se extrajo una pieza de plata de enorme calidad, de casi cinco kilos de peso, que acabó formando la cruz guía que preside todas las procesiones del lugar desde hace años.

Y, finalmente, uno de los hechos más sorprendentes, recogido en las crónicas de Borriol, se conoce como «la troná de la Sorreta», una enorme tromba de agua en septiembre de 1949 que desbordó todos los barrancos del término y que afectó a varias casas; la de la llamada tía Sorreta quedó completamente destruida con ella dentro. Sin embargo, la mujer sobrevivió de forma milagrosa y acabó dándole nombre a aquella riada.

CABANES

¿Romanos milagrosos?

En una de las muchas escenas tronchantes de la película de los Monty Phyton *La vida de Brian* (actualmente de nuevo envuelta en la polémica por el tratamiento de las reivindicaciones transgénero con el personaje de Stan-Loretta), ese torpe grupo revolucionario conocido como Frente Popular de Judea se preguntaba qué habían hecho por ellos los romanos, anunciando una enorme colección de avances que socavaban los principios de su propia rebeldía. Pero es que en Cabanes, aparte de la irrigación, el vino y las carreteras…, ¡hicieron milagros!

Permítanme la broma porque, más allá de la historia del arco de Cabanes, datado en el siglo segundo después de Cristo y situado muy cerca de la vía Augusta, que atravesaba la Península, existe una curiosa leyenda acerca de su creación. Aunque todo apunta a que se trata de un monumento privado (sufragado por algún patricio asentado en la zona o familia con cierto poder adquisitivo) de corte funerario o recuerdo triunfal, considerado monumento histórico-artístico desde nada menos que 1931, la historia que lo envuelve se enmarca, directamente, en el terreno de la fantasía.

Se asegura que el arco podría ser aún más antiguo y que los primeros pobladores de la zona lo habrían descubierto una mañana, construido por nadie sabe quién en una sola noche, con la luna llena como único testigo del prodigio. Otra de las versiones, recogida en la *Crónica*, de Beuter, se inspira en los escritos de Tito Livio y asegura que se trata de un monumento que conmemora la victoria de Lucio Marco contra Asdrúbal, rey de Cartago, que ocurrió en ese mismo lugar (aunque esa batalla tuvo lugar cuatro siglos antes)[3], y que los soldados romanos lo construyeron en una sola noche para poder desfilar triunfantes frente a él a la mañana siguiente.

---

3 La *Crónica*, de Beuter, siempre ha sido motivo de controversia, mezclando distintas versiones de historias y dándolas como válidas: a él se atribuye el poco fiable origen de las cuatro barras rojas pintadas de la sangre de Vifredo el Velloso, por ejemplo.

CASTELLÓ(N) DE LA PLANA
Pam, pam... ¡orellut!

Términos tan futboleros como «casarse de penalti» a quien pasa por el altar con un bebé en camino, o bien «no dar pie con bola» a quien se equivoca una y otra vez, se transforman en este caso en un apelativo que engloba a toda a una ciudad, les guste el fútbol o no: quizá no todos los valencianos sean «ches» o «granotas», ni todos los vilarrealenses sean «groguets», pero pocos dudan de que en Castellón los habitantes son «orelluts».

El canto nació allá por los años veinte del siglo pasado, poco después de la fundación de un club que, en sus orígenes, llegó a vestir una zamarra azul, verde y naranja. Su cancerbero era, en aquel entonces, José Alanga, que, aparte de demostrar una calidad indiscutible, se hacía acompañar, a modo de amuleto, por un elefante de ébano regalado por su hermano, veterano de la campaña africana del Rif, de triste recuerdo para toda una generación de españoles.

Uno de los más enfervorecidos seguidores del equipo en aquel entonces era Jaime Valera, fallecido a la temprana edad de veintidós años y cuya característica más distinguible eran unas orejas considerablemente grandes. Solía colocarse en las gradas, cerca del guardameta, y acompañaba sus vítores con dos aplausos («pam, pam»), que eran acompañados por sus vecinos de asiento, con todo jocoso, con el grito unánime «orellut» ('orejudo', en valenciano), que uno y otros trataban de justificar señalando a la figura de ébano para no acabar llegando a las manos.

El cántico se hizo tan popular que acabó siendo inseparable del club en su gloriosa etapa de los años cuarenta (donde estuvo a un partido de alcanzar la gloria liguera), en su renacer en los setenta (finalista de la Copa del Generalísimo en 1973), y dando nombre y primera estrofa al himno oficial del club.

CASTELLÓ(N) DE LA PLANA
Un ungüento milagroso

Vivimos en una región fascinante con inventos que trascienden fronteras, se haya reconocido o no su origen autóctono, por ejemplo, la procedencia valenciana de la Coca-Cola, surgida de la Nuez de Kola-Coca en Aielo de Malferit (Valencia) o la invención de la pluma estilográfica por el setabense Francisco de Paula Martín han colocado a productos o paisanos nuestros en el candelero de objetos preciados, y cuya adquisición ponía en el mapa a una localidad entera.

No resultará exagerado, pues, si leemos que «[En Castellón] hay que comerse una paella, probar el *cremaet* (o carajillo de ron), y comprar un bote de Suavina». Esta expresión se atribuye a Vicente Calduch, heredero de una familia fuertemente arraigada en la provincia, y en cuya farmacia de la calle Enmedio (Enmig) de Castellón sigue vendiendo cientos de miles de botes de su crema labial, además de comercializarla en todo el mundo. Se trata de la quinta generación de los Calduch, una familia que, allá por 1880 y en una botica de Vila-real, crea este producto bajo el nombre, precisamente, de «ungüent de Vila-real» (principalmente, vaselina con mentol, limón y aceites esenciales de menta, citronela o geranio), dirigido principalmente a los trabajadores del campo, que, expuestos a las inclemencias del tiempo, sufrían grietas y cortes en los labios y las manos, con el consabido riesgo de sangrado e infecciones.

En aquellos tiempos de fórmulas magistrales, y una vez trasladada la farmacia a Castellón, se inició una importante promoción del producto (recordemos que hablamos de principios del siglo

XX) con los medios de la época. La familia extendió sus actividades (uno de los hermanos Calduch fue fundador del Villarreal CF), y creó una auténtica «imagen de marca» sobre la cajita original en madera y estaño, ahora evolucionada a una de más cómoda fabricación. Es toda una institución en nuestra tierra, sus productos llegan a todo el mundo y ha sobrevivido a casi siglo y medio de vaivenes.

CASTELLÓ(N) DE LA PLANA
Ciudad de tiros y duelos

Sé que algunos edificios encierran azulejos, tallas o gárgolas que inspiran la imaginación de cualquier hijo de vecino: raro es no encontrar, en anecdotarios virtuales, el conocido «astronauta» de la catedral del Salamanca o la quimera en la catedral Nacional de Washington con el rostro de Darth Vader. En el nuevo palacio Municipal, más conocido como casa consistorial o ayuntamiento de Castellón, obra del maestro Gil Torralba iniciada en 1689, contamos con un detalle muy curioso que ha sobrevivido a todas las ampliaciones y reformas realizadas en el edificio, y que cuenta una curiosa leyenda.

Para averiguar lo que el consistorio esconde habrá que levantar un poco la vista al frente y el curioso descubrirá una mano que señala un punto concreto de la plaza. La leyenda, que aún se trasmite entre las personas más longevas de la ciudad, afirma que el detalle señala el lugar exacto en el que dos aristócratas castellonenses se batieron en duelo en la Edad Media.

No se trata del único duelo clásico convertido en historia viva de nuestra ciudad. En la calle Gobernador, se recuerda uno de los duelos más importantes de nuestra historia: Ramón de Campoamor, poeta insigne del realismo y político de gran trayectoria, que llegó a ser gobernador civil de Castellón, se enfrentó a José Polo de Bernabé, promotor agrícola recordado por implantar el cultivo de la mandarina en la Plana Baja. El reto se produjo en Castellón y la contienda en Valencia, y acabó con la victoria del primero, que le perdonó la vida al segundo al disparar su tiro al aire tras fallar Polo su disparo. Desde ese momento se convirtieron en grandes amigos.

Para terminar, no podemos olvidar uno de los crímenes más recordados de Castellón: la muerte del presbítero Vicente Tort en septiembre de 1672, víctima de un disparo de trabuco a traición, en el conocido callejón del Ecce Homo (y que hasta entonces recibía el nombre de carreró del Pes de la Farina), y cuyo asesino escapó de la justicia y nunca pudo ser atrapado. Desde entonces el callejón se encuentra rematado por sendas hornacinas con las imágenes de la Virgen Dolorosa y el Ecce Homo, que vigilan el lugar de un crimen jamás resuelto.

CASTELLÓ(N) DE LA PLANA
Del Castell Vell a la Plana nova...

Por mucho que ahora Castellón tenga apellido y sea «de la Plana», esto no siempre fue así: históricamente, el asentamiento se encontraba en un lugar mucho más inaccesible y fácilmente defendible, en los tiempos donde una torre y unas murallas gruesas marcaban la diferencia entre la libertad y la sumisión al conquistador: se trataba del Castillo Viejo (Castell Vell), en los tiempos donde la villa recibía el nombre de Castellón de Burriana.

Se cuenta que el mismo rey don Jaime otorgó este permiso a Jimeno (también Eiximen) Pérez de Arenós, responsable del reparto de Valencia, con una licencia especial que aún se conserva en el Archivo Histórico Nacional, y que dice así:

Por Nos y los nuestros, damos licencia e íntegra potestad a Vos estimado don Ximén Pérez de Arenós, nuestro lugarteniente en el Reino de Valencia, para que podáis cambiar la villa a cualquier lugar que os parezca, dentro del término del mismo castillo de Castellón. Concediendo que todos los pobladores que en dicha villa habitasen o en ella tuviesen casas y huertos, tengan los mismos y los sucesores de ellos perpetuamente francos y libres sin ningún censo, tributo, uso, servicio y cualquier otra exacción, la cual a nosotros y a los nuestros o a otras personas por las mismas casas y huertos nunca a pagar estén obligados.

Existen diferencias sobre dónde se instaló el nuevo asentamiento, aunque se considera válida la teoría de que los pobladores se extendieron alrededor de la alquería de Benirabe, y que poco a poco fueron uniéndose las diez alquerías que se extendían a los pies del cerro de la Magdalena (a saber: Almalfa, Benimucarra, Beni Amargo, Benicatol, Benifayren, la ya citada Benirabe, Benimarra, Binafut, Binaçiet y Teccida).

Sin embargo, sí parecen coincidir todas las teorías en que el traslado se produjo durante el tercer sábado de cuaresma, encabezando la comitiva los monjes y sacerdotes, las mujeres y los niños, en un ambiente de jolgorio y alegría. Al producirse este hecho al caer la tarde, los participantes en la comitiva colgaron faroles de sus *gaiatas* para alumbrarse mejor cuando cayera el sol, además de atar con finas cuerdas a los niños para que ninguno se perdiera y ayudarse a avanzar con cañas del río Seco que, paradójicamente, venía crecido y había anegado los terrenos colindantes. Aunque esta leyenda, recogida por Arcadio Llístar a mediados del siglo xix, ha sido puesta en cuestión, se mantiene como la más extendida para explicar el origen de las Fiestas de la Magdalena.

CASTELLÓ(N) DE LA PLANA
Entre lo sacro y lo esotérico[4]

La tradición cuenta, y es historia pasada de boca a oreja en muchas familias castellonenses, que la talla de la Virgen del Lledó fue encontrada accidentalmente por un labrador llamado Perot de Granyana mientras araba con su tiro de bueyes. Este tropezó con las raíces de un almez o lidón (en valenciano, *lledó*), y la encontró mientras libraba la reja de su obstáculo. Al ser llevada a su parroquia, como ocurre en otros milagros similares, la talla desaparece y vuelve al lugar donde fue hallada, señalando el punto exacto donde «desea», por así decirlo, recibir culto y devoción.

Sin embargo, existen numerosas teorías sobre su origen que pasan al terreno de lo histórico o lo esotérico que no podemos dejar de comentar. En primer lugar, la figura en sí se considera mucho más antigua que esa Edad Media donde aparece de forma milagrosa, llegando a teorizarse sobre su origen fenicio (representaría a Astarté) o grecorromano, y apuntando inscripciones y detalles orientales difícilmente explicables en un dije (recordemos que tan solo tiene seis centímetros de altura).

Esa figura anónima y redondeada, con las manos juntas sobre el pecho o el vientre (que los cristianos imaginaron en oración, pero que es común a la mayoría de las diosas de la fertilidad a lo largo del mundo), y el hecho de que su templo fuera instalado en el campo nos anima a pensar en los cultos paganos que, desde los íberos, contaron con numerosos fieles en la Península, así como los numerosos hallazgos de templos romanos y prerromanos en

---

4 Un sincero agradecimiento a mi buen amigo Ricardo Goterris, que me facilitó el descubrimiento de esta esotérica teoría sobre la patrona de Castellón.

iglesias y ermitas castellonenses: distintas catas en el subsuelo de la basílica han descubierto vestigios cerámicos romanos (conocidos como *terra sigilata*), datados en el siglo II.

Pero una teoría aún más sombría relaciona la Astarté con su equivalente masculino, Astaroth, uno de los servidores de Lucifer más importantes. La existencia de numerosas sectas destructivas en nuestra tierra junto con distintos sucesos inexplicables alrededor de la figura, más allá de la devoción religiosa, o la coincidencia de su 750 aniversario con el año 1999 (la simbología del número de la Bestia, el 666, invertido), alimentó la imaginación de los aficionados al ocultismo, maridando la tradición secular con la sutil frontera de lo sobrenatural.

CASTELLÓ(N) DE LA PLANA
Un tigre suelto que era... mentira

Uno de los mejores folkloristas contemporáneos, Jan Harold Brunvard, hablaba de la evolución de *folklore* —de los términos ingleses *folk* ('gente') y *lore* ('ciencia')— de la tradición oral al llamado *xeroxlore*, haciendo un hábil juego de palabras con la marca de fotocopiadoras. Cierto que a finales del siglo pasado las leyendas urbanas pasaron de contarse de boca a oreja a trasladarse a través de cartas, fotocopias y panfletos. Sin embargo, el mundo moderno ha avanzado aún más rápido y los bulos convertidos en *fake news* se mueven a la velocidad del pensamiento... a través de redes sociales e internet.

Algo así ocurrió en 2013, cuando se extendió una enorme alarma en la ciudad de Castellón: ¡un tigre se había escapado del espectáculo donde se encontraba, y deambulaba libre por las calles hambriento y agresivo! Policía local, nacional y efectivos del Seprona se movilizaron durante toda la noche y atendieron llamadas y mensajes que aseguraban haberlo visto en distintas partes del municipio.

Sin embargo, pronto se descubrió que se trataba de un bulo extendido por las redes sociales y que no respondía a la realidad: los efectivos policiales tuvieron que contar uno a uno los felinos del circo instalado en las afueras y comprobaron que se trataba de una retorcida broma que, a fuerza de repetirse, se había convertido en verdad para muchos.

Un montaje distorsionado de un tigre colocado «de aquella manera» en la plaza Cardona Vives dio pábulo a la historia y, aún ahora, algunos vecinos siguen creyendo que realmente uno de los felinos más grandes de la naturaleza paseó tranquilamente por Castellón… antes de desaparecer para siempre.

CASTELLÓ(N) DE LA PLANA
Los misterios del cementerio

Afirmaba Benjamin Franklin que solo hay dos cosas seguras en la vida: la muerte y los impuestos. Así que, por mucho que nos cueste aceptarlo, los cementerios forman parte de la historia y la cultura del pueblo; incluso algunos se han convertido en atractivo turístico por la belleza de sus panteones u otros detalles llamativos (como el de Alcoy, a dos niveles), hasta el punto de organizarse paseos turísticos y visitas guiadas. En el caso de Castellón, en su interior se mezclan recuerdos amargos y leyendas urbanas que vamos a tratar de descubrir en esta «pildorita».

Antes de comenzar, debemos ubicarnos: el cementerio más antiguo, el de San José, ya «fagocitado» por el crecimiento de la urbe, fue inaugurado en 1868…, pero no fue ni mucho menos el primero: más allá de los cementerios parroquiales, el primer camposanto público fue construido gracias a un permiso especial del rey Jaime II el Justo, y se mantuvo en activo hasta principios del siglo XIX, con hechos tan significativos como la huida de cinco presos de los calabozos, entonces ubicados en el palacio Municipal… ¡por un túnel excavado a través de las tumbas!

Volviendo al terreno de los rumores, existe uno ampliamente extendido acerca de que no hay ciudadanos chinos enterrados en su interior, lo que ha despertado toda clase de teorías maliciosas que relacionan la comida tradicional del país con la ausencia de fallecidos de tal nacionalidad (fenómeno, por cierto, ya analizado por el insigne antropólogo Jan Harold Brunvand en *El fabuloso libro de las leyendas urbanas*); sin embargo, el rumor se desmonta con hechos: sí existen nichos de ciudadanos chinos (muy escasos, básicamente porque su tradición apunta a la incineración antes que al enterramiento occidental). De igual modo, muchos ancianos regresan a su país de origen para pasar allí sus últimos años y, si fallecen en España, la mayoría de las familias conservan en su poder las urnas y las trasladan a China en cuanto tienen ocasión.

Lo que sí se encuentra en nuestro cementerio, y ha supuesto una importante controversia en los últimos años, es una fosa común donde han sido enterradas numerosas personas, algunas de las cuales se han identificado como represaliados del bando republicano durante la Guerra Civil (hasta un total de sesenta, víctimas de fusilamientos). Este proyecto comenzó en 2018 y se ha desarrollado en colaboración con la Diputación Provincial y la Generalitat Valenciana, con diversas iniciativas anuales.

CASTELLÓ(N) DE LA PLANA
¡Marchando un cremaet[5]!

Dentro de la gastronomía regional, en ocasiones las bebidas espirituosas son las grandes olvidadas: el herbero de Mariola, el café licor de Xàtiva, el cantueso de Elche, la cazalla o la mistela... Pero, mucho más cerca, está nuestro *cremaet*, una especialidad que ha recuperado su merecida fama pero que nace hace más de siglo y medio, sobre todo por la implantación de la caña azucarera en la costa levantina, tanto para la producción de azúcar como para la destilación de ron, allá por 1870 (a pesar de que aparecen pequeñas plantaciones desde finales del XVIII, llegando a dar nombre a poblados enteros, como el Cañamelar de Valencia).

Como toda receta ancestral, el *cremaet* juega con los ingredientes y las medidas: café con una pequeña capa de crema y ron quemado con miel, con un fino aderezo de piel de limón y canela en rama, pudiendo distinguir perfectamente las capas. El proceso del quemado del ron suele ser laborioso, y muchos locales no lo incluyen en su carta por el tiempo que emplean, pero sigue distinguiendo a aquellos que buscan un sabor tradicional y, al mismo tiempo, poco conocido.

Históricamente, el origen de los combinados de café con licor se ubica en la primera Revolución de Cuba, cuando los soldados en el frente, privados de provisiones, tenían que echar mano de lo que daba la tierra (en este caso, café, azúcar y ron), y lo tomaban antes

---

5 Muchos amigos de Castellón me señalan la controversia entre los nombres de *cremaet*, carajillo de ron o de Castellón, ya que consideran el primero como «un nombre impuesto».

del combate para despertar algo de «corajillo» (de ahí que el nombre más extendido sea el de carajillo por evolución semántica). Se apunta a que un castellonense (otros aseguran que era villarrealense), superviviente del frente cubano, trajo consigo la receta a su regreso a la patria chica, y que se popularizó de inmediato entre sus paisanos. *Bon profit!*

CASTELLÓ(N) DE LA PLANA
El enigma de las Columbretes

Las muchas historias que encierran nuestras islas Columbretes darían para varios libros: desde su origen volcánico de más de dos millones de años de antigüedad a ser uno de los principales hábitats de la sargantana, autóctona de nuestra tierra y que da nombre a nuestra editorial. Quizá puede interesarles el hecho de que fue visitada en tiempo de griegos y fenicios, y que fueron estos quienes le dieron sus primeros nombres, Ophiusas o Colubrarias, debido a la gran cantidad de serpientes que las habitaban (y que, en fecha actual, se encuentran erradicadas de su superficie... debido a diversos incendios provocados durante el siglo XIX para exterminarlas).

Podríamos hablar de que son, en total, cuatro islas principales: Columbrete Grande o Mayor (illa Grossa), la única donde se permiten visitas turísticas; la Ferrera, la Horadada (la Foradada) y Bergantín (Carralot), todas ellas rodeadas de islotes de diverso tamaño. En la actualidad no hay residentes permanentes, pero llegó a tener varias decenas de habitantes dedicados principalmente a la ganadería porcina, a la agricultura de subsistencia... y a espantar a los piratas y contrabandistas que empleaban sus embarcaderos y calas para esconderse y seguir rumbo a la Península o a Berbería, en el norte de África. Por ello, en la actualidad los únicos edificios que se mantienen en pie son un viejo faro del siglo XIX construido sobre una mansión de estilo colonial, el embarcadero turístico y unas instalaciones científicas para acoger a los expertos en fauna y flora, así como un viejo cementerio con solo doce tumbas (principalmente, de los distintos fareros y sus familiares fallecidos en las islas; el último de ellos dejó la illa Grossa en 1975, cuando el sistema se automatizó).

Podría invitarlos a sumergirse bajo su superficie, todo un paraíso de aventureros y submarinistas, dado que los alrededores de las islas son un auténtico edén de la flora y la fauna marina, con especies poco comunes como el alga laminaria o el coral rojo. Incluso una de las islas más pequeñas, Ferrera, se convierte en un tesoro, pues conserva los últimos vestigios de flora autóctona, como la zarzaparrilla, el lentisco o el palmito. También podría animarlos a que busquen las cicatrices que las pruebas de tiro de la armada norteamericana y la aviación española dejaron en la piedra negra, pues fueron empleadas como blanco militar durante años. Pero todo eso será en otra ocasión, pues hoy nos limitaremos a disfrutar de una de esas pequeñas maravillas que brillan como una joya en nuestra tierra castellonense.

CASTELLÓ(N) DE LA PLANA

La olvidada doble ganadora del Premio Planeta

Si les preguntamos por algunos famosos escritores de la provincia, seguramente pensarán en el célebre autor de novelas históricas Santiago Posteguillo (en realidad, nacido en Valencia), en el popular Eloy Moreno (con más de dos millones de libros vendidos, traducidos a treinta idiomas) o en mi admirada Rosario Raro, buena amiga y magnífica autora. Pero pocos recordarán la figura de una insigne castellonense que consiguió un hito nunca repetido: ganar dos veces el prestigioso Premio Planeta de novela. Les hablamos de Concha Alós.

Hija reconocida de un camarero de Nules que tomó como esposa a Pilar cuando Concha ya había nacido (numerosos testimonios aseguran que su auténtico padre, desconocido para ella, era uno de los clientes de su madre, pues ejercía la prostitución), pasó su infancia en Castellón hasta que los bombardeos de la aviación franquista azotaron la ciudad y se vieron obligados a trasladarse a Lorca cuando Concha era una adolescente con enormes inquietudes culturales.

Un primer matrimonio fracasado le permitió conocer a Baltasar Porcel, con quien se trasladó a Barcelona. Allí se convirtió en traductora y una fértil escritora, hasta el punto de ganar el Premio Planeta en 1962 con una de sus primeras novelas, *El sol y las bestias*. Sin embargo, la novela ya se encontraba en las oficinas de Plaza y Janés cuando uno de sus responsables, quizá por simple competencia editorial o por sospechar de las tendencias socialistas

de la autora, la denunció asegurando que sus derechos les correspondían a ellos, lo que la obligó a renunciar al premio (que recae-
ría en Ángel Vázquez). Ese golpe del destino no la desanimó en
absoluto, puesto que dos años después, en 1964, conquistaba con
Las hogueras el ansiado certamen.

Como muchos autores, abrazó la narración fantástica y de terror entre los setenta y los ochenta con títulos como *Narraciones
antropófagas, Os habla Electra* o *El asesino de los sueños,* con lo
que perdió el interés del público y el apoyo de la crítica espe-
cializada. Dejó de publicar en 1986 y, poco después, enfermó
de Alzheimer. Falleció en 2011 en la más absoluta soledad (se
encargaron de adquirir su nicho los hermanos Joan Ramon y
Maria del Mar Bonet).

La intensa labor de la periodista y biógrafa Amparo Ayora, con la
colaboración de la propia cantante Maria del Mar Bonet, permitió el traslado de los restos mortales de la escritora, pionera en su
momento, maltratada por la fortuna y castellonense de corazón,
que desde finales de 2022 descansan en el cementerio de la capital
de la Plana.

CASTELLÓ(N) DE LA PLANA

La sangre del moro

Si afirmo que Castellón no siempre estuvo allí, seguro que alguien me tomará por loco. Pero lo cierto es que el emplazamiento original del municipio se encontraba alrededor del carro de la Magdalena, donde no solo se erigió el conocido como Castell Vell en época medieval, sino, mucho antes, un asentamiento íbero con muralla y, antes que estos, construcciones fenicias de las que quedan vestigios.

Ya hemos contado en otra de las «pildoritas» de este libro cómo y cuándo el pueblo reconquistado por Jaime I decidió trasladarse a la llanura, pero las piedras de tono rojizo que parecen señalar el camino de descenso desde su ubicación original a la actual, a los pies de la montaña, despertaron la imaginación de la gente hasta el punto de señalar a un personaje popular en la Castellón sarracena, un tal Xanu, y a su desdichado destino como motivo del color rojo de las piedras del lugar.

Como decía, el protagonista de nuestra historia es el moro Xanu, un sastre muy conocido por los vecinos tanto por su avaricia como por su habilidad para comunicarse con los animales. Entre sus mascotas, su mayor orgullo era un altivo gallo de cresta brillante llamado Ki-Ket (también Kiket en otras versiones), que obedecía sus órdenes y le proporcionaba grandes beneficios actuando frente a los demás.

Sin embargo, su codicia lo traicionó cuando descubrió a Ki-Ket con una moneda de oro en el pico. Lo amenazó para que le dijera dónde la había encontrado y, cuando descubrió que se trataba de un diminuto hueco en el muro del castillo, abierto al exterior des-de el salón del tesoro, lo obligó a subir y bajar volando hasta que el animal cayó extenuado.

Lleno de ira, con unas cuantas monedas en las manos, pero sabe-dor de que aún quedaba mucho oro en aquel lugar, dejó agoni-zando al gallo y se decidió a trepar él mismo. Resbaló en el peor momento, se precipitó al vacío y salpicó de sangre las piedras del lugar, huellas indelebles y ennegrecidas por el tiempo de la codicia infinita de aquel sastre.

CINCTORRES

¿Por la familia o por el castillo?

Existen numerosas leyendas acerca del origen de nombres en los municipios castellonenses: la princesa mora que dio nombre a Zucaina (a pesar de que la etimología árabe señala la palabra *sukayna* —'lugar junto a una fuente'—), a Castell de Cabres (la ingeniosa forma en que sus habitantes «embolaron» un rebaño de cabras e hicieron creer al enemigo que se enfrentaban a un numeroso ejército que enarbolaba antorchas), por poner solo un par de ejemplos. En el caso de Cintorres, en els Ports de Morella, existen numerosas teorías para explicar su curioso nombre.

La primera habla de que, a pesar de que su existencia se documenta como tal tras la llegada de Jaime I, hubo un asentamiento romano llamado Quinque Turris, dado que existen vestigios de habitantes desde la Edad de Hierro, así como íberos y, antes de la llegada de los sarracenos, visigodos.

Otros se refieren a que el lugar acabó tomando la imagen característica de la heráldica familiar de sus fundadores, que se repite en el escudo actual de la localidad: cinco torres doradas, acompañadas del emblema de Jaime I bajo corona real y en fondo rojo. Sin embargo, el primer conquistador fue Blasco de Alagón (cuyo emblema son seis u ocho rodajas —circunferencias— negras sobre fondo gris), y la donación posterior a la familia Torres (que sí tiene un escudo idéntico al de la población) es discutible, puesto que este es originario de la Casa Real de Navarra y surge entre los siglos xiv y xv, mientras que se reconquista en 1232 (con Carta Puebla en esa misma fecha).

Finalmente, la teoría más extendida (y aceptada por el pueblo llano) es que esas cinco torres son parte de la fortificación de 1358, cuando, enfrentada a Morella, participó en la primera guerra civil castellana. En la actualidad tan solo se conserva íntegra la llamada torreta de los Moros (considerablemente alejada del núcleo urbano), así como unos vestigios de la conocida como torre del Cortillo o de la Vila, esta sí, dentro de la población.

LES COVES DE VINROMÀ
Los jueves, milagro

Para la mayoría, la cita de la inmortal cinta del maestro Berlanga, donde trata de repetirse el «éxito» de las apariciones marianas de Lourdes y Fátima para revitalizar la economía del pueblo, es suficiente para recordar la película y su éxito a finales de los sesenta. Pero lo que mucha gente desconoce es que, en realidad, se encontraba inspirada en un hecho real que había acontecido en nuestra provincia una década antes y que fue conocido como el «miracle de les coves».

A finales de 1947, una niña de ocho años, Raquel Roca, comenzó a contar que en sus paseos por las cuevas de la Morería, uno de tantos rincones del municipio de Cuevas de Vinromá, había visto a la Virgen. Acompañada por su padre Emilio y con el respaldo del párroco del pueblo, las visitas se repitieron hasta que la pequeña anunció que a las tres de la tarde del siguiente 1 de diciembre se produciría una suerte de eclipse solar, haciéndose de noche, y que se sucederían los milagros (la compañía eléctrica llegó a ordenar que se encendieran las luces del alumbrado público, seguros de que oscurecería, mientras que las fábricas cercanas terminaron sus turnos).

La noticia corrió como la pólvora; hasta los hombres de confianza de Franco fueron informados del anuncio e incluso el afamado psiquiatra Francisco Marco Merenciano acudió a la convocatoria. Las crónicas de la época señalan que más de trescientas mil personas se reunieron en un paraje habitado por poco más de dos mil habitantes; trataban de tocar a la niña, seguros de que se curarían de sus enfermedades, o se lanzaban a un riachuelo cercano asegurando haber sanado de sus dolencias, en un caso que los expertos calificaron, con el tiempo, de auténtica histeria colectiva.

Finalmente…, el milagro no se produjo. La niña aseguraba que la Virgen no había aparecido «debido a la cantidad de gente reunida», y algunos llegaron a seguir acudiendo durante más de cuatro meses, al punto de que la Guardia Civil patrulló la zona para disolver a los curiosos que continuaban llegando. La Iglesia relacionó el anuncio con la fértil imaginación de la niña o que se estuviera proyectando en aquellas fechas la película *La canción de Bernadette*, que recreaba la historia del milagro de Lourdes.

Huyendo de las habladurías, la familia de la pequeña se trasladó a Barbastro y nunca regresó a las Cuevas de Vinromá, donde quedó el misterio de si realmente ocurrió un prodigio… o fue solo producto de la imaginación de una niña de ocho años. Sin embargo, en la conocida como cueva Campana, allí donde se esperaba la aparición, muchos visitantes todavía dejan velas encendidas pidiendo por su salud y recordando un milagro que nunca se produjo.

CULLA - TORRE D'EN BESORA
Un parque temático... bajo tierra

La nuestra es una tierra de grandes parques temáticos y espacios atractivos al turismo: reclamos para invitar a millones de personas que acuden cada año interesadas en nuestra gastronomía, nuestra oferta cultural y lúdica, nuestro clima y, por qué no decirlo, nuestro sol y nuestra playa, como viene siendo desde los tiempos de la posguerra. Sin embargo, hay un lugar donde las vagonetas que corren por las vías no transportan alocados pasajeros, sino minerales, y la luz no viene de deslumbrantes neones que señalan cada entrada, sino de tenues lámparas que recuerdan la esforzada labor de sus antiguos habitantes.

Estamos hablando del Parque Minero del Maestrat, que, a pesar de horadar la roca, se encuentra a casi mil metros de altura, ofreciendo a su llegada una magnífica panorámica del lugar. Sin embargo, su interés fundamental se encuentra en su interior: un recorrido a lo largo de la historia de las catas geológicas y la labor minera que tuvo lugar en las entrañas de la tierra.

Une dos excavaciones principales: las minas Victoria, en Culla; y Esperanza, en Torre d'en Besora, ambas dedicadas a la extracción de hierro. El recorrido interior, a pie, atraviesa los corredores y galerías que eran frecuentadas por los operarios. Se han recuperado tanto numerosas herramientas y objetos de interés como espacios adecuados con exposiciones y paneles explicativos. Sin embargo, el recorrido exterior, que une las dos entradas a las minas, se realiza con un tren minero, toda una atracción para los más pequeños de la casa.

A pesar de que el lugar es, en esencia, oscuro y tenebroso, hundido en la montaña, uno de los municipios de su zona de influencia, Culla, está considerado de los pueblos más bonitos de España, tal y como se recoge en el selecto listado de la asociación que otorga estos galardones de forma regular.

CULLA

El gran misterio templario

Que la llamada Orden del Temple ha despertado la imaginación de generaciones desde su creación hasta su persecución herética es una evidencia. Acumularon un poder enorme, gestionaron latifundios, telares, molinos y comercios en media Europa; sufrieron una auténtica caza hasta su disolución, y su memoria quedó manchada hasta ser convertidos en «villanos» del cine (*El reino de los cielos*) e incluso los videojuegos (la saga *Assassin's Creed*). Pero su interés por la población de Culla encierra un misterio que envuelve a numerosas teorías, aunque nunca ha sido revelado.

La orden templaria adquirió en 1303 el señorío de Culla por nada menos que medio millón de sueldos (moneda de la época que convivió con los florines o los maravedíes), asegurándose las tierras de casi una decena de municipios apenas cuatro años antes de su detención masiva y nueve antes de ser definitivamente disuelta. Se convirtió en la última compra de los templarios en la Corona de Aragón, además de la más cara, y en ella participaron miembros de enorme relevancia como Guillem IV de Anglesola (que había conseguido el control del lugar gracias a la mediación del propio rey Jaime I en favor a su familia), así como Arnald de Banyuls, que rubricó en nombre del propio Jacques de Molay (último gran maestre del Temple).

Se ha teorizado acerca de otra orden perseguida, los cátaros, que de algún modo habrían encontrado refugio en aquellas tierras y, hermanados en la desgracia con los templarios, pudieron hallar un lugar tranquilo donde evitar ser apresados; sin embargo, la práctica totalidad de los cátaros fueron erradicados sesenta años después y una inversión tan importante difícilmente pudo justificarse por unos pocos hijos o incluso nietos de aquellos.

Su futuro señalamiento por herejía y la relación que se estableció entre los templarios y la alquimia despertó la imaginación de muchos, señalando las virtudes medicinales de los manantiales del señorío o incluso la influencia de energías telúricas (sobre todo en las aguas subterráneas) que, de algún modo, confluían en el lugar. Pero en cuanto a confluencia, más interesante parece la teoría de la propia cruz templaria sobre la Península: situando su centro en el castillo de Ucero, en Soria, sus brazos se extenderían señalando distintos puntos de España y Portugal que fueron, o pretendieron ser, conquistas templarias: Padrón y Thomar (Portugal), al oeste; Toledo y Caravaca al sur... ¿y al este? Pues ni más ni menos que nuestra hermosa y misteriosa Culla, que a tu nombre da la gloria[6].

---

6 No me he vuelto místico de repente, el lema templario fue «Non nobis, Domine, non nobis, sed Nomini Tuo da gloriam», lo que significa: 'No a nosotros, Señor, no a nosotros, sino a Tu nombre da la gloria'.

FIGUEROLES
Escaldando los santos y las almas

La historia de algunas de nuestras aldeas, poblaciones y municipios se encuentra marcada por el sino de las guerras civiles que el país ha sufrido a lo largo de las décadas. En determinados casos, el desgaste de la población ha sido tan importante que no dudamos en señalar los conflictos bélicos como el motivo principal de su despoblación hasta prácticamente el abandono.

Algo así ocurrió en Figueroles, municipio del Alcalatén que llegó a pertenecer a Lucena del Cid (de la que se segregó a principios del siglo XVIII) y que fue testigo de numerosos conflictos bélicos, en particular de las guerras carlistas que azotaron el Maestrazgo castellonense. De esta guerra en concreto procede la historia que se recoge en el reloj de sol que corona el campanario de la iglesia de San Mateo, cuyo lema afirma «Escaldeu també l'ànima per si aplegua l'hora» ('Escaldad también el alma por si llega la hora').

Se cuenta que durante la primera guerra carlista, y temiendo los saqueos y pillajes de las tropas en conflicto (las fuerzas sublevadas de Cabrera entraron en Figueroles en marzo de 1838 y se produjo una intensa refriega contra los defensores de la plaza, comandados por Antonio Caruana), las imágenes de los santos fueron sacadas del templo y escondidas en los gallineros del lugar. Cuando acabó la contienda, era tan intenso el aroma que las tallas habían acumulado que debieron ser limpiadas con agua hirviendo por las vecinas (escaldadas, al fin y al cabo) para poder quitarles el tufo. De ahí el sobrenombre que reciben y la apostilla que aparece en el reloj solar de la torre. ¡No se quemen!

FORCALL

Fuego purificador y centenario

Quizá el turista promedio, al preguntarle por una fiesta ancestral relacionada con el fuego y situada en nuestra Comunidad Valenciana, se dividirá entre las Hogueras de San Juan de Alicante y las Fallas de Valencia. Sin embargo, esta población de apenas quinientos habitantes en els Ports de Morella cuenta con una de las celebraciones más antiguas de toda la región (se encuentra documentada desde el siglo XIV, concretamente en 1388, aprobados sus capítulos por el rey Juan I de Aragón). No se ha interrumpido prácticamente nunca por guerras, pestes o hambrunas, y su relación con el fuego, que todo lo cambia y purifica, es más que estrecha.

Se trata de la conocida como Santantonà y recrea la vida y milagros de san Antonio Abad, patrón del lugar y de los animales (conocido en muchos lugares como *sant Antoni del Porquet*, debido a que suele representársele acompañado de una jabalina[7]), y cuya fiesta tiene lugar cada 17 de enero, conmemorando su fallecimiento.

Sin embargo, los preparativos comienzan prácticamente en primavera, con la rifa de un cordero que permite reunir los primeros fondos a la mayoralía. El segundo día de Navidad, se corta y desnuda un gran pino (conocido como *Maio*), talándose otros seis más, que formarán las «costillas» donde se instalará la barraca. Se suceden distintas actividades tradicionales (como la *pastà de la rolleta*, confección de rollos y coquetas dulces), hasta el 15 de enero

---

7 Nada que ver con los deportes: se trata de una hembra de jabalí. Según cuentan, se acercó junto a su camada de jabatos ciegos al santo, que les devolvió la vista milagrosamente. Agradecida, nunca se separó de su lado y lo defendió de toda clase de peligros.

con la *despertà*, donde finalmente se construye la barraca con los siete pinos, revistiéndola de carrasca y enebro.

Ya de noche comienza a recorrer la calle la *santantonà:* un grupo de demonios conocidos como *botargues* que hostigan a los dos santos, san Pablo y san Antonio, maniatados, y los llevan hasta la barraca, que representa el lugar donde el patrón se retiró para realizar penitencia, quedando fuera el mal. Así, las *botargues* comienzan a hacer bromas a los vecinos, golpeándoles con el *pellot* (un saco de papel liado a forma de garrote). Apareciendo posteriormente Filoseta, que encarna la tentación de la carne, hasta que finalmente se prende fuego a la barraca: la supuesta muerte de los santos derrota a los demonios, que caen al suelo derrotados… hasta que san Antonio y san Pablo aparecen de nuevo, abandonando el infierno.

Una auténtica sucesión de costumbres y tradiciones centenarias que, en la actualidad, es un bien de interés cultural inmaterial.

FUENTE LA REINA
Los milagros de un buen lavado de cara

Bromas aparte, sabemos que la higiene universal y la llegada del agua corriente a los domicilios mejoró considerablemente las condiciones de vida de los ciudadanos del mundo desarrollado evitando infecciones y plagas, desterrando definitivamente las prácticas poco saludables, como compartir jofaina para asearse y hacer las acostumbradas abluciones matinales, tal y como nos recordaba la película *El guerrero n.º 13* con aquellos nórdicos barbudos que se quitaban las legañas y se saneaban las narices pasándose una misma palangana con un agua sospechosamente turbia…

Cuenta la tradición que la pequeña población de Fuente la Reina, en el Alto Mijares castellonense, recibe su nombre de la visita de Leonor de Portugal, esposa de Pedro IV el Ceremonioso, que, tras contraer la peste y conocedora de la fama de medicinales que mantenían los manantiales del lugar, al bañarse (otros afirman que solo bebió) en las aguas cristalinas de la fuente que brota en el punto exacto donde se encuentran el río Maimona y el barranco de la Graja, sanó completamente de su afección de forma milagrosa y, agradecida, permitió que el lugar tomara el nombre que mantiene. En realidad, su enfermedad estaba tan avanzaba que falleció en la población.

Ciertamente, la calidad de las aguas del lugar, pozas naturales y manantiales de todo tipo es más que sobresaliente. La fuente de las Mangraneras, con doce caños que identifican los meses del año; el Terrero; los Baños; la fuente Pierre o la Pinosa son solo unos ejemplos. Sin embargo, no son las únicas pequeñas maravillas que encontramos en su pequeño término, también hay nada menos que siete reservas biológicas donde se encuentran especies poco vistas en la provincia, como el gato montés o el tejón; o una curiosa disposición arquitectónica de sus viviendas junto al barranco de la Graja, que recuerdan poderosamente a las casas colgadas de Cuenca.

LA JANA - CANET LO ROIG
Olivos milenarios

Cuando se habla de historia, acostumbramos a referirnos a lugares y personas, y cuando hablamos de patrimonio, señalamos monumentos. ¿Por qué no árboles, si se puede saber? Nuestra provincia no solo es un paraíso natural en términos generales con numerosos parques naturales y lugares absolutamente paradisíacos, sino que podemos enorgullecernos de tener el mayor número de olivos milenarios de toda España.

Nada menos que cinco mil ejemplares de estos árboles pueblan la provincia, de los cuales dos millares de ellos se encuentran situados en Canet lo Roig y La Jana, municipios del Baix Maestrat castellonense, de poco menos de setecientos habitantes cada uno (¡hay más olivos milenarios que residentes!). Tal es su importancia que en La Jana se ha habilitado como museo una finca en las afueras del pueblo: el Museo del Pou del Mas. No es para menos, dado que cuenta con ejemplares tan sobresalientes como la Farga del Pou de Mas, de unos mil cien años de edad.

Canet no se queda atrás, puesto que ha desarrollado una ruta senderista que recorre las tres áreas principales e incluye la visita a varios ejemplares únicos: el catalogado como 2767 según datación de la Politécnica de Madrid, a la entrada de la población, y que fue plantado alrededor del año 569 d. C., o el conocido como Cuatro Patas en la partida de los Rajos, con cuatro puntos de apoyo y que sirvió de refugio para un *maqui* huido de las tropas franquistas durante la Posguerra.

Como no es posible saber con exactitud la datación de un árbol sin contar los anillos de su tronco (y, por tanto, talarlo y matarlo), los botánicos han empleado el llamado método Santander, que incluye conceptos como tasa de crecimiento, diámetro y conteo de anillos en olivos muertos de gran tamaño, así como un sistema topográfico muy complejo mediante láser y miras graduadas.

JÉRICA
La leyenda del pendón

El término *moro/s*, tanto en apellidos como en lugares o incluso reliquias, ha generado estos últimos años cierta controversia. Procedente de *mauro* ('de piel oscura'), origina términos como Mauritania e identificaba a los invasores de la Hispania visigótica (debido a su procedencia, generalmente de las tribus del norte de África), pero ha adquirido una connotación despectiva que ha animado a descartar su empleo. Sin embargo, el pendón de la conquista en Jérica mantiene ese nombre tan políticamente incorrecto de *matamoros* sin vergüenza ninguna.

La leyenda surge de su izado en las almenas de la plaza, ocupada por tropas sarracenas, y que anunciaba la rendición frente a las de Jaime I (como ocurrió con otros lugares, la propia Valencia, sin ir más lejos). Muchos de aquellos *moros* que la habitaban no aceptaron agachar la cabeza sin luchar y prefirieron arrojarse al vacío desde la peña Tajada y encontrar la muerte en el fondo del barranco antes que convertirse en súbditos de los cristianos; por ello se relaciona la aparición del pendón con la «matanza de los moros».

Ocultado en Suiza al comienzo de la Guerra Civil, regresó a Jérica tras la contienda fratricida siendo recibido con un enorme despliegue de medios, incluyendo una procesión cívica, como se acostumbraba en aquella época con las reliquias históricas o religiosas. A pesar de descubrirse, tras una concienzuda investigación, que el pendón correspondía a una copia datada en el siglo XVIII, la tradición que arrastraba (presidía numerosas procesiones locales, como la del Corpus) ha hecho mantener viva la creencia de que se trataba del original de la Reconquista y se encargó un nuevo facsímil a mediados del siglo xx debido al deterioro del tradicional: este se conserva en el Museo Municipal, protegido por una vitrina, dado su enorme valor histórico.

JÉRICA

Una torre única

El arte mudéjar es una de las máximas expresiones artísticas de nuestro país, maridando las características propias de los reinos cristianos tras la Reconquista y la indudable influencia de los gustos y conceptos sarracenos, además de ofrecer perfiles únicos respecto a los mismos periodos en el resto de Europa.

Por desgracia, los vestigios mudéjares de nuestra región se circunscriben a la cerámica y algunas bóvedas de madera, dejando las grandes construcciones arquitectónicas en otros lugares. Sin embargo, en Jérica se mantiene en pie una estructura singular: se trata de la única torre mudéjar en la Comunidad Valenciana.

Se la conoce como torre de las Campanas o torre Mudéjar de l'Alcudia. Datada en el siglo XII y situada en un lugar privilegiado donde se dominaba toda la población, su uso era principalmente militar junto con la alcabaza y la muralla, hasta que, en 1614, debido a que los campanarios de la población (el torreón de San Juan, conocido como torre del Reloj; la iglesia de Santa Águera; y la ermita de San Roque) no ofrecían un sonido homogéneo y su llamada no llegaba a ciertos rincones de Jérica, se decidió trasladar todas las campanas a un único punto donde el toque fuera lo suficientemente sonoro para que alcanzara hasta el más alejado de los vecinos: ese punto fue, precisamente, nuestra torre mudéjar.

Curiosamente, a pesar de que la ampliación correspondiente al campanario se afrontó en 1614 (varios años después de la expulsión del último morisco de la Península), se mantuvo el estilo mudéjar que la caracterizaba y en la actualidad ofrece un magnífico aspecto de unidad que la hace tan especial.

LUCENA DEL CID
La peña del amor

La provincia de Castellón está llena de historias de amor trágico: quizá la más conocida sea la del salto de la Novia, en Navajas; la roca del Moro, entre Alcocebre y Alcalá de Chivert, o la peña de la Novia, en Alfondeguilla, todas ellas protagonistas de su propia «pildorita» en un volumen anterior de nuestra colección. ¿Por qué será que en nuestra tierra los jóvenes de las leyendas se dedican a amar y sufrir a partes iguales? Lo desconozco, pero aprovecharé para recordar una historia trágica recogida por uno de los grandes historiadores locales, el vilarrealense Carlos Sarthou Carreres, pionero en el campo de la fotografía y promotor de que el cuadro de Felipe V en el Almudín de Játiva fuera colgado boca abajo en señal de protesta por la quema de ambas ciudades.

Sarthou publicó en 1919 una reseña en el suplemento *Blanco y Negro* del diario *ABC*, sobre la llamada peña del Amor, de Lucena del Cid, que vamos a tratar de conservar íntegramente dada la belleza de su prosa:

> No ría usted, que no es cuento, desde esta peña se arrojaron dos enamorados en un momento de suprema desesperación. La historia de Abelardo y Eloísa, de Romeo y Julieta, de Isabel y Diego, tuvo aquí un ejemplo vivo. Lucena no envidia a los amantes de Teruel. La tradición guarda sus nombres como ese río sus cuerpos virginales. Usted no sabe sin duda, lo que es un amor contrariado, cuya pena mata dos vidas.

> Fue ella la zagala más hermosa de nuestra villa. Y era él el más apuesto masovero del término. Y las envidias y mur-

muraciones, por un lado, y la desmedida ambición de los padres, por otro, pusieron un muro infranqueable a dos almas enamoradas que se habían jurado amor eterno. Y fueron a unirse en otra vida más gloriosa, creada por y para el amor.

Junto a la conocida Peña se encuentra la ermita de San Vicente Ferrer, en la entrada del municipio y junto a un parque, donde, seguramente, muchos enamorados buscarán las sombras para jurarse esas mismas promesas encendidas que los dos mozos de la leyenda, cuyo nombre esconde la tradición como afirmaba Sarthou, nunca pudieron cumplir.

MASCARELL-NULES
¡Abre la muralla!

El uso de empalizadas, torreones y muros con almenas es una costumbre repetida en el tiempo por toda Europa desde que las tribus nómadas abandonaron sus cuevas, comenzaron a instalarse en campo abierto... y decidieron dedicarse a hacerle la puñeta al vecino, todo hay que decirlo. En nuestro país hallamos rastros de murallas íberas y celtas, romanas, visigóticas, sarracenas y de los distintos reinos cristianos del Medievo, hasta que el crecimiento natural de las urbes obligó a derruir total o parcialmente esas construcciones defensivas, manteniéndose tan solo algunas edificaciones por su valor histórico o cultural.

Sin embargo, en Marcarell, actual pedanía de Nules, se mantiene íntegro ese cinturón de torres y muros, datado a mediados del siglo XVI, convirtiéndose no solo en el único municipio de la Comunidad Valenciana totalmente circundado por una muralla, sino también en el único que no presenta fincas o edificios extramuros, dibujando una foto fija anclada en el tiempo.

Solo dos puertas, la de Poniente y la de Levante, permiten el acceso al interior, mientras que el intrincado trazado de las calles invita a olvidar el coche y aparcarlo en el exterior, donde también se realiza un mercado todos los domingos.

Como ocurría precisamente en las antiguas ciudades amuralladas, los poco menos de doscientos residentes vienen reivindicando desde hace tiempo su independencia respecto de la vecina Nules y mantienen su casa consistorial con la esperanza de una futura segregación.

Curiosamente, el origen de la población respondió a la necesidad de dar cobijo a numerosas familias que tuvieron que abandonar Burriana tras la reconquista (el término *mascarell* procede del árabe y significa 'campamento'); dada su numerosa población morisca, a comienzos del siglo XVII y tras la orden de expulsión dictada por Felipe III, el lugar quedó vacío y tardó poco menos de ciento cincuenta años en recuperar su población, que llegó a rozar el millar.

MONCOFA

¡De aquí no me muevo!

Santos y vírgenes encontrados en cuevas, traídos por la corriente del río o llegados por mar... ¡Rara es la comarca de nuestra provincia que no cuenta con alguna historia de descubrimiento milagroso! Pero, claro, el caso de Santa María Magdalena es un poco especial...

Cada 23 de julio en esta población costera se celebra el desembarco de su patrona, santa María Magdalena, una costumbre que la convierte en la procesión religiosa marinera más antigua de toda la Comunidad Valenciana y que viene a recordar una de las grandes hazañas militares del rey Alfonso el Magnánimo: la conquista (y saqueo) de la ciudad de Marsella en la campaña napolitana durante el mes de noviembre de 1423. Consigo se trajo grandes trofeos, como el relicario de san Luis de Anjou, las cadenas del puerto marsellés (conservadas actualmente en la capilla del Santo Cáliz de la catedral de Valencia), así como una imagen de piedra de santa María Magdalena.

Cuenta la leyenda que, a pesar de que el rey tenía inicialmente previsto atracar en Barcelona, siguió su viaje hacia el sur en dirección a Valencia (en cuyo Grao desembarcaría el 12 de diciembre), y a la altura de Moncofa le sorprendió una fuerte tormenta. Conocedores no solo de la llegada del rey, sino de que traía consigo la reliquia, los habitantes de Moncofa consideraron que era una suerte de presente y más aún cuando, al tratar de reemprender la marcha, no conseguían abandonar el puerto sin que se levantara un intenso temporal, lo que se consideró una señal de que la santa quería quedarse, sobre todo cuando un grupo de pescadores la sacaron del agua y la llevaron a tierra: la mar se calmó de inmediato.

Esta curiosidad se encuentra recogida en unos versos que dicen así: «A Santa Maria Magdalena / la portaven per la mar / la portaven de Marsella / i en Moncofa va parar».

MONCOFA
Las lágrimas de los moriscos

En un volumen anterior de la colección Historia en pildoritas, hablamos de la leyenda del Caballo Verde o montaña de Pop, en Alicante, donde los últimos moriscos se enfrentaron a las tropas de Felipe III y aguardaron la llegada de ese legendario animal que debía salvarlos… y que nunca llegó, provocando que muchos de los supervivientes del combate se precipitaran al vacío antes de ser expulsados de la tierra de sus antepasados.

Sin embargo, y regresando al norte, en el puerto de Moncofa se despidieron del Reino de Valencia los últimos moriscos de Castellón: en 1609, la torre vigía (ahora desaparecida), y el grao de la localidad vieron embarcar a casi seis mil moriscos (algunas fuentes elevan la cifra a los diez mil) procedentes principalmente de las tierras del antiguo ducado de Segorbe, que correspondían al Bajo Espadán, a la cuenca del Mijares y a la vega del Palancia.

La importancia del puerto moncofín en aquel entonces se concluye al comprobar que solo Vinaroz, en toda la costa castellonense, embarcó a más moriscos que Moncofa, bajo la atenta mirada de Gaspar Vidal, capitán de caballería al servicio del virrey de Valencia, que también se encargó de la relación de ciudadanos que había que expulsar. Esta terrible escena se inmortalizó en el cuadro *Embarque de los moriscos en el Grao de Vinaroz*, de Oroming y Peralta (1613), donde se dibuja la silueta de la torre de Moncofa.

MORELLA

Un castillo... de leyenda

Dicen que «no hay un castillo sin fantasma», pero como este libro no tiene intención de asustar a nadie, en nuestro caso adaptaremos el dicho a «no hay castillo sin leyenda»: mazmorras, pasadizos ocultos, secretos inconfesables, batallas y voces en el silencio que nos recuerdan que hasta las piedras conocen su propio pasado. Y, por lo que respecta al castillo de Morella, la colección de leyendas merece un volumen entero que, en esta ocasión, resumiremos en esta «pildorita».

Hemos de remontarnos muy atrás para ubicar a los primeros habitantes del cerro donde se levanta el castillo: se han encontrado vestigios humanos de la época del Neolítico y, posteriormente, asentamientos íberos y romanos, aunque fueron los sarracenos quienes, a fuerza de muros y torres, lo convirtieron en una fortaleza de difícil acceso para el enemigo. Se atribuye su creación al califa Abderramán III, a mediados del siglo x d. C. Desde entonces, sus almenas han visto infinidad de batallas: la conquista por el Cid en dos ocasiones, la llamada guerra de la Unión (entre los gremios y la monarquía aragonesa), la de las Germanías, la de Sucesión y, finalmente, la de la Independencia, donde sufrió importantes desperfectos que obligaron a una rehabilitación.

Junto al castillo se encuentra el convento de San Francisco, con distintos accesos que comunican ambos edificios. Se cuenta que, debido a la obstinación del papa Luna de no renunciar a sus privilegios (lo que estuvo a punto de iniciar un grave cisma en la Iglesia de occidente), se reunió con el rey Fernando de Aragón y san Vicente Ferrer en el conocido como Compromiso de Caspe, alojándose en el claustro del convento. Durante su estancia ocurrió un hecho que todavía se recuerda: sentado a comer, comenzaron a reunirse a su alrededor las moscas y, visiblemente molesto, el vicario de Dios se decidió a maldecirlas... hasta el punto de que nunca más se vieron en el claustro ninguno de esos insectos.

Tampoco queremos olvidar que el mercado que se instalaba en las cercanías del castillo, a lo largo de la Baja Edad Media, se consideraba uno de los mejor surtidos de víboras y serpientes venenosas de todo el Reino de Valencia (el Maestrazgo siempre ha contado con especies como el áspid o la víbora hocicuda), que los herbolarios de la época empleaban para extraer la ponzoña y crear pócimas curativas, a pesar del riesgo que suponía por la mirada atenta y vigilante del Santo Oficio.

MORELLA

Un tigre en el Maestrazgo

Aunque hablábamos en una de las «pildoritas» de Castellón de la leyenda urbana alrededor de un felino huido de un circo que mantuvo a la población en alerta máxima años atrás, en esta ocasión nos referimos al sobrenombre de uno de los personajes capitales en la historia de Morella cuyas andanzas y hazañas lo encumbraron en el lugar hasta el punto de que una de sus estatuas ecuestres se sitúa en la entrada del castillo: se trata de Ramón Cabrera Griñó, más conocido como el Tigre del Maestrazgo.

Nacido en Tortosa, huérfano a muy temprana edad, entró en el seminario, pero no llegó a ser ordenado sacerdote por la negativa del obispo de Tortosa, lo que le animó a incorporarse al levantamiento de las tropas carlistas. No tardó en destacar entre los sublevados apostados en Morella y por eso se convirtió en la mano derecha de Juan Marcoval. Debido a su capacidad estratégica sobresaliente, pronto alcanzó el rango de comandante general. Aunque al comienzo de la contienda se mostró compasivo con los prisioneros enemigos, poco a poco fue acumulando una fama de cruel y sanguinario que le valió el apodo del Tigre del Maestrazgo.

Uno de sus recuerdos más siniestros coincide con la toma de Burjassot (Valencia). Celebró la victoria con un gran festín y ordenó que se fuera fusilando frente a los comensales a todos los prisioneros, por grupos, sin dejar de disfrutar de la comida. También actuó con gran violencia sobre aquellos de los que sospechaba, llegando a ordenar el fusilamiento de los alcaldes de Valdealgorfa y Torrecilla por creerlos traidores a la causa carlista (este hecho provocó la revancha de los realistas, que fusilaron a su madre tras haberla mantenido presa casi dos años). Estos hechos convirtieron la contienda en una sucesión de *vendettas* y revanchas, con actos de castigo al enemigo que iban más allá de la propia guerra: Cabrera llegó a fusilar a un grupo de cuatro jóvenes, entre las cuales se encontraba una de sus pretendientes.

Parapetado en Morella, ofreció una resistencia feroz a todos los ataques realistas, hasta el punto de negarse a firmar el armisticio que ponía fin efectivo a la guerra y que la prolongó durante varios años como único general rebelde, al mando de casi treinta mil soldados que mantuvieron las espadas en alto por todo el Maestrazgo. Obligado a huir a Francia, fue confinado en el país galo (donde recibía una paga) y, a pesar de su participación también en la segunda guerra carlista y su posterior exilio a Inglaterra, llegó a ser visitado por Alfonso XII. Alcanzó acuerdos de gobierno y refrendó sus propiedades y títulos nobiliarios, incluido el condado de Morella, que ha mantenido la familia Cabrera hasta la actualidad.

D. RAMON CABRERA

114

MORELLA

Uno de cada seis

Estamos acostumbrados a procesiones anuales con su romería, su *porrat* y sus festejos…, pero esto no siempre es así. Por distintas circunstancias, en ocasiones sucede que dos poblaciones comparten una imagen y alternan los recorridos cada año (como Hondón de las Nieves y Aspe, en Alicante), o incluso que solo salen de sagrado cada siete años (la Virgen de Santerón, en Vallanca, cuyo templo se encuentra en tierras conquenses). En el caso que nos ocupa, el de la Virgen de Vallivana de Morella, la celebración tiene lugar cada seis años.

Se afirma que el origen de esta talla mariana, en barro cocido y policromado, es muy antigua, coincidente con la entrada del culto cristiano en la Península gracias a Santiago, apóstol de Jesucristo. Una de las teorías más extendidas de su llegada apunta a su desembarco en Tarragona (otras versiones ubican su entrada en Cartagena o incluso Cádiz), y que de ahí viajó hacia el oeste, dispuesto a cristianizar a los hispanos. Estando en Bisgargis (nombre romano de la antigua Morella), se encontró con un templo dedicado a los dioses Diana y Júpiter, que provocaron su asombró, derribó sus efigies y depositó la reliquia para que, desde ese momento, estuviera bajo su advocación. Otras versiones afirman que fue encontrada por un pastor escondida en el fondo del barranco, depositada allí por algún buen cristiano que quiso protegerla de la ira de los sarracenos durante la conquista, y recuperada una vez llegadas las tropas de Jaime I.

A pesar de estas historias, la figura cuenta con detalles góticos, por lo que estaría datada entre el siglo XIV y el XV (la primera romería en su honor se establece en 1478, por lo que es una de las más antiguas de la provincia). Las fiestas sexenales comienzan en 1678, debido a los muchos milagros que, se afirma, realizó durante una epidemia de peste negra que azotó el lugar en 1672: al paso de la talla por el pueblo, los enfermos sanaban por muy grave que fuera su afección y muy avanzado que se encontrara el bubón. A partir de entonces, las fuerzas vivas del pueblo (principalmente, los jurados y los justicias de la villa, así como representantes de los labradores), decidieron que el tercer domingo de agosto, cada seis años, se rememoraran aquellos prodigios y se trasladara de nuevo la talla al pueblo desde el santuario recorriendo a pie los más de veinte kilómetros que separan ambos puntos. Desde hace más de diez años, esta celebración es considerada fiesta de interés turístico nacional.

MORELLA - CHIVA DE MORELLA

Los demonios de la montaña y la virgen salvadora

Incluso las poblaciones más pequeñas de nuestra provincia cuentan con historias de gran interés y poderosas leyendas. Chiva de Morella, que en la actualidad cuenta solo con unos cuarenta vecinos, es una aldea perteneciente al municipio de Morella y se encuentra enclavada entre montañas y barrancos. Uno de sus estrechos caminos conduce a la ermita de la Virgen del Rosario, a la que se atribuye una curiosa leyenda.

Cosas de la geología, las cuevas y cavernas que se abren en el cercano barranco del Juncal generan desde hace siglos toda suerte de ruidos y sonidos ominosos, sobre todo cuando llueve. El eco del chaparrón ha conseguido que generaciones de chivatanos crean que esas oquedades están habitadas por toda suerte de seres fabulosos: demonios caídos junto a Lucifer, monstruosas serpientes gigantes y dragones, e incluso doncellas moras con su correspondiente maldición, hasta el punto de que creció el culto a la Virgen del Rosario en cuyo honor se erigió la ermita.

Construida en 1242 y ampliada a finales del siglo XVI sobre una fuente particularmente caudalosa (motivo por el cual recibió inicialmente el nombre de Mare de Déu de la Font), vio la destrucción de la imagen original durante los disturbios previos a la Guerra Civil, por lo que se sustituyó por una copia fidedigna de la talla que sale en procesión quinquenal en dirección a la aldea, que multiplica por diez su población para rememorar esa antigua protección que mantenía a los monstruos de la montaña encerrados en su interior.

NAVAJAS

Olmos y cascadas

Para mí sería sencillo recuperar la «pildorita» que dediqué en su día, en otro volumen de esta colección, a la eterna leyenda del salto de la Novia para etiquetar esta hermosa población del Alto Palancia castellonense; pero, aparte de hacer un exagerado ejercicio de auto-plagio, Navajas no se limita a esta única tradición, por muy grande que sea su fama, y bien merece una visita pausada que nos permite descubrir todos sus encantos… y sus numerosas curiosidades.

Porque, en primer lugar, ese salto de la Novia solo es una de sus numerosas cascadas, que desaguan en pozas o piscinas naturales que atraen a incontables visitantes en los meses de estío hasta el punto de convertirse en una ruta de doce kilómetros conocida como ruta de las Fuentes que une todos estos lugares: el pantano del Regajo, la fuente del Baño (cuyas propiedades sanadoras se conocen desde principios del siglo xviii), la fuente de la Gilda (que toma su nombre al personaje cinematográfico encarnado por Rita Hayworth, censurada en su día por aquella famosa bofetada, aunque su auténtica denominación es la de Nuestra Señora de la Salud), la de la Bañola y la fuente del Lugar, que cuenta con una playa fluvial de arena. Seguimos por ese recorrido para encontrar la fuente de la Peña y la de la Virgen de la Luz, patrona de la localidad; la de Hierro y la del Mossen Miguel, antes de llegar a la cascada del Brazal, origen de la leyenda del salto de la Novia.

Pero si volvemos al municipio, no solo encontraremos muchas casas señoriales (fruto de la emigración burguesa, que instaló numerosas segundas residencias en el lugar aprovechando sus aguas medicinales), sino una espectacular colección de olmos centenarios: el más conocido, el que remata la plaza del mismo nombre, plantado por Roque Pastor en 1636 para conmemorar la llegada de nuevos habitantes tras la expulsión de los moriscos. Tal es su importancia que cuenta con himno propio (compuesto por Salvador Chuliá y Plácido Benet), ha aparecido en matasellos de Correos y cupones de la ONCE y llegó a ser candidato a Árbol Europeo del Año en 2019.

OROPESA DEL MAR / ORPESA DEL MAR

El refugio de la Renegà

Antiguamente existía la (mala) costumbre de expulsar o exiliar a ciertos condenados por delitos no demasiado graves, generalmente relacionados con el honor o la virtud, por aquello de dar «mal nombre» al pueblo donde vivían: quizá los puritanos ingleses eran más de marcar a las adúlteras con «letras escarlatas» que han llegado a inspirar películas, pero nosotros hemos sido más de escarnio público y enviar al culpable al pueblo de al lado para seguir hablando mal del señalado.

Cuentan los más viejos del lugar que había una mujer de vida disoluta y moral distraída, de las que ejercían la profesión más antigua del mundo o rompían matrimonios, quién sabe. Los vecinos de Oropesa, hartos de convivir con alguien de tan escasa virtud, la sometieron a juicio público y decidieron desterrarla enviándola a la playa junto al municipio. A partir de ese momento fue conocida como la Renegá(da), y se afirma que siguió sus andanzas cerca de la torre vigía de la costa, quién sabe si ofreciendo sus encantos a los encargados de evitar los ataques berberiscos o, rehabilitada, purgando los pecados de su pasado.

Lo cierto es que esta torre, de veinte metros de altura y erigida en 1553 gracias al ingenio del maestro de obras Joan Bernadí de Cervelló, fue una de las muchas fortificaciones que se empleaban para evitar las incursiones piratas en toda la costa, y acabó siendo conocida por muchos nombres: torre de la Corda, de la Mala Dona, del Barranc de la Dama y, claro está, de la Renegá. Separada de Oropesa por una pequeña colina arenosa, era y sigue siendo un lugar privilegiado, una zona de costa prácticamente virgen y muy poco concurrida donde esta mujer pública bien pudo pasar sus días alejada de aquellos que la habían repudiado.

PEÑÍSCOLA / PENÍSCOLA
Las brujas marineras

No solo de gigantes está llena la mitología castellonense: a medida que nos acercamos al mar, hallamos vestigios de leyendas de criaturas marinas fabulosas que nos recuerdan que nuestro pueblo es de roca y de agua, de fuego y de árbol, entroncando con los cultos íberos que adoraban a la madre naturaleza. Esta historia nos traslada a Peñíscola, localidad de gran atractivo turístico en el Baix Maestrat, que no solo nos regala joyas arquitectónicas como el castillo del papa Luna, sino también un relato lleno de misterio.

Cuenta la historia que un pescador de Peñíscola se encontraba cada mañana su barca maltrecha, como si hubiera faenado la noche entera, y con el cabo desatado de su noray a pesar de que se encargaba de anudarlo con firmeza tras cada jornada. Tras varias noches seguidas encontrando su barca suelta y deteriorada y temiendo que le acabaran robando, decidió esconderse en su interior y sorprender al amante de lo ajeno. Pero nada lo preparaba para la experiencia que estaba a punto de vivir.

Cuando quiso darse cuenta, se encontraba en alta mar y el timón lo manejaba una bruja acompañada de otras compañeras de viaje, descalzas, con el cabello azotado por el viento, y riendo salvajemente. Se enfrentaban a la despiadada tormenta y lanzaban a gritos sus embrujos, que les permitían atravesar grandes distancias en poco tiempo y así atracar en lujares lejanos y exóticos para luego regresar a Peñíscola antes de que amaneciera. Aún escondido, pudo entrever que una de las mujeres era la posadera del puerto y, en un descuido, llegados a una playa al otro lado del Atlántico, tomó uno de sus objetos mágicos[8] para mostrárselo al día siguiente.

Visitó la posada y, tal y como sospechaba, la mujer era una de las participantes en ese akelarre marinero y reconoció el objeto sin dudarlo. Le rogó que no las delatara, pues la pena por brujería era la muerte, y le prometió que le concedería cualquier deseo. El hombre se apiadó de ella y solo le pidió que le enseñara un hechizo para convocar el buen tiempo y poder faenar incluso cuando le sorprendiera la tormenta, a lo que la mujer accedió gustosa y el pescador se convirtió en el mejor pescador del lugar y nunca perdió una jornada de labor.

---

8 Algunas versiones apuntan que el pescador se esconde en la barca y las acompaña en el viaje a América; otras, que se esconde en un cañaveral y descubre la caña india que emplean las brujas para poder navegar, y la toma del lugar donde la esconden.

PEÑÍSCOLA / PENÍSCOLA

La alargada sombra del Papa Luna

En un volumen anterior de la cada vez más extensa familia de *Historias en pildoritas* hablábamos de las muchas curiosidades atribuidas a Benedicto XIII, natural de Illueca y más conocido como papa Luna, cuyo papado estuvo a punto de provocar un grave cisma en la Iglesia católica y que obligó a personalidades destacadas de su época, como el rey Fernando de Aragón y fray Vicent Ferrer a intervenir y mediar para convencerle de que desistiera y que no siguiera «en sus trece», como afirma el dicho popular a él atribuido. Porque su leyenda se extiende no solo sobre su figura, sino también por los lugares donde habitó.

En Peñíscola, ese castillo que lleva su nombre cuenta con una escalinata que comunica con el muelle donde se afirma que abandonó la localidad debido al riesgo que corría su vida (trataron de envenenarlo en varias ocasiones), y embarcó a Italia para defender su papado. Afirma la leyenda que esta escalinata de piedra fue construida en una sola noche, permitiéndole zarpar en su nao, la Santa Ventura, sin ser visto, y que durante su marcha apresurada perdió su anillo papal, que aún se encuentra sumergido en las aguas del Mediterráneo.

Señalado como hereje, se le atribuyen numerosos «poderes», como la capacidad de volar y de trasladarse mágicamente por el aire, pudiendo extender su manto sobre las aguas y atravesarlas caminando. También se asegura que fue capaz de detener una plaga de arañas solo con un sermón o que las tormentas descargaban sus rayos lejos de su presencia, pues hasta los cielos lo temían.

Más allá de la fantasía, es cierto que mantuvo una biblioteca impresionante en su castillo en Peñíscola, con tratados de teología, herbología, historia, filosofía e incluso alquimia; se le atribuye un *Códice Imperial*, de Carlomagno, que encerraría numerosos secretos de la Iglesia, pero también se catalogan numerosas obras de difícil acceso, como una traducción latina de la *Odisea*, de Homero, o el *Pugio fidei*, de Ramón Martí, encargado ya siendo el papa nonagenario. Se contabilizan hasta veintiséis copistas a sueldo del papa Luna, muchos de los cuales se trasladaron al *scriptorium* de Peñíscola, que se convirtió en uno de los centros de sabiduría del mundo… para un personaje siempre envuelto en las sombras.

PORTELL DE MORELLA
La ruta del tesoro

La bendita generación criada en los años ochenta del siglo pasado recordará el juego de mesa *La ruta del tesoro* de la marca zaragozana Cefa, una adaptación del clásico *Monopoly* a las hazañas comerciales y piratas del Mediterráneo, con plazas fuertes de Mahón a Constantinopla y las cuatro lonjas más importantes de la Corona de Aragón; su magnífico troquelado que incluía monedas de aspecto real y pagarés de las arcas reales; y los hallazgos de tesoros en las tarjetas «suerte», que hacían las delicias de grandes y pequeños.

Quizá, si hoy se reeditara el juego, alguna de esas tarjetas debería incluir la leyenda «una visita a la muralla de Portell, en Castellón, te lleva a dar con un tesoro escondido». Porque este castillo, datado en el siglo XIII y con distintas reformas y modificaciones, no deja de sorprender a cada nueva investigación arqueológica que se enfrenta a sus secretos: durante estos hallazgos no es raro localizar vasijas, platos de porcelana, instrumentos de trabajo e incluso parte de un famoso tesoro, del que ya hablaban los más viejos del lugar.

Cierto es que algunos de sus niveles llegaron a ser empleados incluso como corrales para el ganado en época contemporánea, pero numerosos espacios han sido también aprovechados para uso religioso (como la torre principal, en la actualidad campanario de la iglesia) o civil (el patio de armas fue transformado en una diminuta plaza de toros conocida como «el Corro»).

No es de extrañar que, desde el año 2003, todo el conjunto haya sido declarado bien de interés cultural al reconocerla como «puerta de entrada fortificada» que separaba los reinos de Aragón y de Valencia a la altura de la siempre inexpugnable Morella.

SANT MATEU
El último cátaro

Aunque la fama de conjuras y secretismos entre las órdenes religiosas de la Edad Media se la llevan de calle los templarios (acrecentada por la publicidad no deseada a través del cine y los videojuegos), lo cierto es que los cátaros tuvieron una historia tanto o más interesantes que aquellos: de procedencia incierta, su creencia en la dinastía merovingia (descendientes directos de los hijos que Jesucristo pudo tener) y su creciente poder los hizo incómodos a la Iglesia católica, que los declaró herejes y los persiguió con afán. Pues de todos ellos, el último residió en nuestra tierra.

A pesar de que se asentaron principalmente en Occitania (Francia), instalándose en grandes ciudades amuralladas como Carcasona, muchos nobles y grandes señores cátaros se extendieron por el antiguo Reino de Aragón. El último de estos *bons homes* (ministros dentro de la creencia) fue Guillem de Belibasta (también aparece como Guilhem Bélibaste), un pastor perseguido por asesinar a otro pastor católico y que fue encerrado precisamente en Carcasona, ya en poder de las órdenes católicas.

Logró escapar del calabozo, emprendió una fuga hacia el sur y se ocultó en uno de los escasos enclaves donde pervivían los cátaros en la clandestinidad: Morella. Así, escondido en los retorcidos callejones de la judería, los pocos escritos que se conservan de la época dan a entender sus ambiciosas pretensiones respecto a la población, de la que afirmaba «será la próxima Jerusalén». El último cátaro perfecto[9] comenzaba aquí el principio de su fin.

---

9 Dentro de la terminología cátara, el «perfecto» era aquel miembro de la orden que había alcanzado el estadio superior, abstinente de los bienes, la

No tardó en trasladarse a San Mateo y, con el poder que le otorgaba su ministerio, organizó a los pocos supervivientes que había en los alrededores; se reunían en la casa familiar de los Mauri, procedentes de la Occitania francesa, y desde la clandestinidad procuraban asentarse y reclutar nuevos miembros que les permitieran aumentar su poder e influencia social. Un descuido, y la traición de un inquisidor llamado Arnaud Sicre, provocó que se le detuviera en Tírvia, Lleida, donde también se ocultaban muchos de los suyos. Fue denunciado ante el corregidor del lugar y por ello juzgado y quemado vivo.

---

carne y el sexo, y que ayudaba al resto de los componentes de la orden a lograr la trascendencia.

SEGORBE

¿Quieres jugar conmigo?

Hay figuras simbólicas que generan un terror inexplicable en muchas personas: los payasos con sus caras pintadas de blanco, la inmensidad del océano, la soledad de un edificio abandonado o esa colección de muñecas de porcelana que parecen mirarte con ojos vidriosos. ¿Verdad que les provocan escalofríos?

Pues en Segorbe se unen los dos últimos terrores en un mismo espacio que, a pesar de la tierna historia que tiene a sus espaldas, se ha convertido en un auténtico santuario del terror local: la fábrica de muñecas Inglés.

Aunque el edificio data del siglo xviii y su primer uso fue el de molino (parte de la cercana cartuja de Valldecrist, y que contaba incluso con una pequeña capilla para los operarios), no tardó en adecuarse para el trenzado de hilos y telas y, durante la posguerra, la fabricación de muñecas de porcelana de forma artesanal, que incluía un horno adaptado para endurecer el material: en 1970 los hermanos Josefina y Ramón Inglés abarcaron un mercado muy especializado pero especialmente lucrativo y se mantuvieron en el candelero hasta finales del siglo xx, cuando el fallecimiento de Ramón y la competencia con otras multinacionales forzaron el cierre de la empresa. Ni siquiera la compra posterior de las instalaciones para establecer una residencia infantil libró al lugar de su particular maldición: el promotor del proyecto murió de forma prematura y el centro para niños nunca vio la luz.

Sin embargo, el motivo principal de su interés actual es ni más ni menos que como leyenda urbana de miedo: un edificio que amenaza ruina (parte del techo se desplomó años atrás), lleno de cajas vacías y restos de muñecas, lo que le aporta un aspecto de osario infantil al aire libre, envuelto en las sombras y generalmente visitado por apasionados de lo sobrenatural. A todo esto se une el rumor de que varios trabajadores fueron asesinados durante las revueltas de la II República, arrojados a los pozos de agua y su espíritu todavía permanecería en el lugar. Cuidado con perderse allí cuando cae el sol...

SEGORBE

Ni Tesla ni Marconi... ¡Cervera!

La historia nos recuerda los pulsos entre los afamados inventores Tesla y Edison sobre quién fue el primero en proporcionar luz eléctrica a través de corriente alterna, o de nuevo el propio Tesla enfrentado a Marconi por ser pioneros en el uso de la radio. En este caso, no existe el dilema: ¡el creador de la radio sin hilos fue Julio Cervera, un señor de Segorbe!

Nuestro paisano Julio Cervera Baviera, nacido en Segorbe en 1854, fue un estudioso de la física y la ingeniería. Se formó en la Universidad de Valencia y en la Escuela de Ingenieros Militares de Guadalajara, y se graduó con honores en el campo de batalla. En este terreno, realizó una amplia cartografía de Marruecos y defendió la plaza de Asomante, en Puerto Rico, durante la guerra hispano-americana de 1898.

En esa batalla consigue instalar un heliógrafo aprovechando la reflexión de los rayos solares para dar y recibir órdenes, y comienza a desarrollar el concepto de una comunicación sin hilos entre dos puntos alejados en la distancia. Tras la guerra, visita y colabora con el propio Guillermo Marconi, y realiza las primeras patentes de radio sin hilos en 1899.

Como ocurrió en el pasado con el submarino de Peral o el autogiro de De la Cierva, la situación bélica de España impidió el adecuado desarrollo del invento: tras la guerra de Cuba y con la pérdida de las últimas colonias en Asia y América, la corona española no estaba para grandes inversiones en material bélico, por lo que el Ejército no apoyó la iniciativa, y Cervera tuvo que buscar varios socios para crear una empresa que desarrollara y comercializara su aparato de radio; finalmente, no prosperó. En Inglaterra, sin embargo, Marconi contaba con el apoyo de la corona y el Ejército inglés, y el rotativo británico *The Times* se convirtió en un auténtico altavoz de los avances del inventor.

Su primera gran prueba, motivo por el cual se le considera pionero en este campo, se desarrolla en 1902 entre Jávea e Ibiza donde, sin necesidad de hilos conductores, logra enviar y recibir señales de voz (y no simples sonidos, como Marconi). No fue esta su única hazaña, pues se le considera inventor del primer mando a distancia, promotor del primer proyecto de educación a distancia con la Institución Electrotécnica Internacional y desarrollador del primer tranvía de Tenerife. ¡Todo un portento, nuestro paisano!

SIERRA ENGARCERÁN

Usvaldo l'Endevinador

Algunos personajes trascienden las generaciones hasta el punto de que sus hazañas, mundanas o divinas, pasan de padres a hijos como historias divertidas, entrañables o terribles. En esta «pildorita» nos detendremos a descubrir una de estas historias ambientada en Sierra Engarcerán (en valenciano, Serra d'En Galcerán), municipio de unos mil habitantes de la Plana Alta castellonense cuya historia se remonta a más de diez mil años (y cuyas pinturas rupestres, un magnífico conjunto conocido como Abrigo de Meliá, forman parte del llamado arte rupestre levantino, declarado patrimonio de la humanidad por la UNESCO en 1998).

La leyenda de Usvaldo o Jusvaldo (en realidad, su nombre era Oswaldo Gabarro Mestre) se envuelve en el misterio clásico de los herbolarios y curanderos de pueblo cuya fama trascendía fronteras y acababan siendo respetados no solo por sus artes sanatorias, sino también adivinatorias, a finales del siglo XIX. Respondía más bien a la figura del clásico eremita santero (hombre de religión, capaz de cantar misa para sus vecinos y, al tiempo, echar las cartas, leer las manos o mantener a una esposa y seis hijas). Vivía en un *mas* conocido como «de l'Endevinador», donde rara era la época en la que no se producían sucesos prodigiosos.

A Usvaldo se le atribuyen apariciones y desapariciones de animales, curaciones milagrosas junto con advertencias funestas del futuro más próximo. Era capaz de saber si un niño enfermo sanaría o no, o si un quinto sería llamado a filas o se libraría de su destino. Al saber que los representantes públicos (el médico, el practicante, el maestro…) se habían burlado de sus supuestos «poderes», los puso en jaque haciendo levitar una mesa en su presencia y provocando el asombro de todos los testigos de tan sorprendente hecho.

SONEJA

Del nombre mítico de la princesa

Desde tiempos ancestrales los nombres de las ciudades más importantes surgen de personajes célebres y que superan su propia leyenda: Roma, bautizada así por Rómulo, tras matar a su hermano Remo; o bien Alejandría, en Egipto, fundada por Alejandro Magno donde antes solo había una triste aldea pesquera. Salvando las distancias, algo así ocurre con Soneja, población en el Alto Palancia castellonense, y que se encuentra poblada desde los tiempos del Paleolítico.

Cuenta la leyenda que su nombre procede de una curiosa historia ocurrida en una alquería palaciega fortificada de origen sarraceno y habitada por su gobernante, un alfaquí versado en la ley coránica. Una de las favoritas de su harén, una joven mujer de gran belleza que había sido comprada como esclava en Sagunto, dio a luz a una hija. El alfaquí montó en cólera, pues aguardaba un varón, y exigió que la alejaran de su vista; ante el temor de que la matara, la joven madre la entregó a un ama de leche para que la criara como suya, y de la esclava solo conservó su nombre, Sonia, y su enorme belleza.

La madre murió de pena, no siendo capaz de dar a luz un varón para su señor, y este se volvió más brutal y despiadado. Pasaron los años y un día, visitando a las gentes que vivían en cabañas junto al río, descubrió a una niña que le recordaba vagamente a su preferida y, tras muchas preguntas, entendió que la muchacha que los lugareños llamaba Soneja (en otras versiones, Xoneya), era, en realidad, el fruto de su amor con la esclava Sonia. Ese cariño apaciguó su belicoso corazón y acabó llevando al palacete a la niña, que lo acompañó hasta convertirse en una mujer sabia y sensata que mantuvo el cariño de su pueblo y se convirtió en el orgullo de su padre, hasta el punto de que la alquería acabó, con los años, adoptando su nombre.

Quién sabe si el alfaquí o la princesa Soneja convivieron con esa comunidad cristiana descubierta en 2020 en el subsuelo, bajo la ermita de San Francisco Javier, y que se ha datado como una de las más antiguas de la diócesis de Segorbe-Castellón, coincidente en el tiempo con la conversión al cristianismo de los godos hispanos a mediados del siglo VI d. C.

SUERA(S)
El algarrobo y el diablo

Nuestra tierra es fértil en huerta, en arroz, en cítricos, en vid…, pero también en algarroba. La *garrofa*, su humilde fruto, común en tierras de secano, ha alimentado a personas y animales durante siglos, ha producido harina y *carob*[10], y ha servido también para inspirar esta leyenda, situada en la población de la Plana Baja castellonense de Sueras, y que dice así:

> Había un labrador que, tras una pertinaz sequía, harto de no conseguir apenas fruto de sus tierras de labor, maldijo su mala suerte y murmuró entre dientes que vendería su alma al diablo por no tener que sufrir para alimentar a los suyos.

---

10 Se trata de un sucedáneo del chocolate que se emplea principalmente en alimentos dietéticos.

En ese momento, pasó un caballero que dijo ser nada menos que el diablo. Le preguntó al labrador qué quería a cambio de su alma, y este le pidió oro suficiente para atender las necesidades de su familia y amigos. Le entregó una bolsa y le dijo que allí siempre encontraría dinero, pero que volvería pasado un tiempo para reclamar su alma. El labrador aceptó, señalando un algarrobo cercano, y dijo que podría volver cuando no hubiese fruto alguno en el árbol, y el diablo se esfumó casi de inmediato.

Pasaron los meses; el hombre había aumentado su riqueza y socorrido a sus vecinos con aquel dinero diabólico. Pasó septiembre y acabó la cosecha. Satán regresó para reclamar su alma, como habían pactado. El labrador negó con la cabeza y le hizo mirar hacia arriba, señalándole los frutos verdes que nacen a final de junio, cuando el resto del árbol lleva meses florecido.

—Cuando quiera Dios que un año el árbol quede vacío y no nazca ninguna algarroba —dijo el labriego—, ven a por mí.

Así quedó burlado el diablo, pues siempre hay fruto verde en la algarroba mientras que otro está a punto de madurar.

TÍRIG

Tierra de gigantes

A pesar de que hasta la exposición de las sillas gigantes en 2022 no se convirtió en un auténtico reclamo turístico, lo cierto es que la existencia de gigantes es un elemento muy particular y poco conocido en el imaginario popular de nuestra provincia, más allá de los Tombatossals, Bufanúvols o Arrancapins de rigor. Viajemos, pues, a la población de Tírig, en el Alto Maestrazgo, para descubrir la sorprendente historia de otros de estos seres colosales.

Se afirma que, a finales del siglo XIX, uno de los habitantes de los *masos* (terrenos agrícolas que englobaban tanto las tierras de labranza como la vivienda principal o masía) de Tírig era un tal Pep, propietario del conocido como mas Blanc y cuyo descomunal tamaño le hizo ganarse el sobrenombre del Gegant ('el Gigante'). Destacaba por su enorme fuerza, su voraz apetito y un humor socarrón y tan grande como él mismo.

Se le atribuyen toda suerte de proezas relacionadas con su fortaleza física, como la de rescatar a pulso a un burro que había caído en un pozo del lugar, o que podía llevar sobre los hombros las alforjas cargadas que llevaba el macho si este se cansaba. También se afirma que remató el dintel de la entrada de su corral con una gigantesca piedra de más de doscientos kilos (este *cudol* se conserva frente al actual ayuntamiento de la localidad)[11].

Solo se conserva una fotografía de Pep, inclinado hacia delante frente a una multitud de vecinos, donde puede deducirse su enor-

---

[11] Otras versiones de la historia señalan que la enorme piedra servía, en realidad, para bloquear la entrada del cercado donde guardaba su ganado.

me estatura y envergadura. Curiosamente, esta instantánea fue to-
mada por el insigne pintor tirijano Gabriel Puig Roda, que cuenta
con un monumento en su honor a la entrada de la localidad: arte
y folklore unidos por un retrato fascinante.

TODOLELLA
Un castillo con anfitriones

En Castellón tenemos el castillo de un papa (Peñíscola), uno con trescientas torres (Onda), varios templarios (de Alcalá de Chivert a Ares del Maestrat), sarracenos (el de Fadrell o Castell Vell, en Castellón)... ¡Pero es que tenemos hasta castillos habitados!

Así, aunque varias de las pedanías de Todolella (como Saranyana, a pesar de su reciente rehabilitación) se encuentran deshabitadas, no ocurre así con su castillo-palacio de estilo gótico, datado en el siglo XIV, y que a mediados de los años sesenta del siglo pasado fue adquirido por una pareja de origen argentino; un edificio que entonces amenazaba ruina y que ha supuesto el legado vital del matrimonio (Livia Férgola, investigadora científica, falleció en 2017), que dedicó más de media vida a restaurarlo.

De forma rectangular, dibuja el perfil del clásico castillo medieval, con cuatro torres y otros tantos muros rematados con almenas —un remate moderno que no tenía el diseño original—, y en su interior divide el espacio entre el uso particular, con las habitaciones para los residentes; y el común, con caballeriza, patio de armas y pajar. Declarado bien de interés cultural desde 1996, fue donado parcialmente por su propietario, Ricardo Miravet, que mantiene el usufructo vitalicio del mismo, sigue residiendo en él y acompaña a los turistas en sus visitas organizadas.

A título de anécdota, no es esta la única iniciativa cultural promovida por Ricardo en la provincia de Castellón: a lo largo de quince años, de 1970 a 1985, restauró el órgano de Francisco Turull, de 1719, que se conserva en la basílica de Santa María la Mayor de Morella, siendo una de las joyas históricas del lugar y, con seguridad, el órgano más importante de la Comunidad Valenciana.

EL TORO

Aquí hay fantasmas

En este libro, y en otros muchos sobre la historia de la provincia, encontrarán leyendas relacionadas con hazañas (o tragedias) militares, desde los tiempos de Jaime I o el Cid hasta anécdotas más recientes. Pero incluso la mera presencia castrense despierta la imaginación colectiva y, de no encontrar héroes, se inventan fantasmas y apariciones.

Algo así ocurre con la base militar de la Salada en la pequeña población de El Toro (en realidad, se encontraba en la demarcación de Abejuela, en Teruel), entre Castellón, Valencia y Teruel. El proyecto inicial incluía la instalación de un repetidor y el uso estratégico de microondas que sirviera de conexión entre la capitanía de Valencia y la de Mallorca.

Abandonada en los años noventa, a 1500 metros de altitud y en condiciones extremas de frío y viento, las garitas, casi a la intemperie, reúnen numerosas historias de apariciones y ruidos extraños. En avanzada ruina, un cartel en la entrada reza «aquí hay fantasmas», sustituyendo a cualquier otra advertencia, como si quisieran avisar a los posibles visitantes de las consecuencias de acercarse demasiado.

Las malas lenguas aseguran que una sucesión de siniestras ocurrencias obligaron a desalojarlo y abandonarlo a su suerte, hasta el punto de que ninguna iniciativa pública o privada ha conseguido rescatar del abandono el lugar y dedicarlo a revitalizar la zona. La versión oficial apunta a que la tecnología de microondas quedó obsoleta y resultaba caro e innecesario mantenerla allí. Sea como fuere, es material para las habladurías y la tradición oral, que agrandará el misterio generación tras generación.

TRAIGUERA

Un milagro tras otro

Aunque numerosas leyendas de tipo religioso en la Europa cristiana tienen mucho en común (tallas encontradas en cuevas, procedentes del mar o de un río; encuentros marianos con niños; o imágenes que regresan una y otra vez al lugar donde fueron halladas), lo cierto es que cada pueblo tiene, como poco, una historia particular en su haber... ¡Pero en el caso de Traiguera las tenemos todas!

Y es que el origen de la venerada imagen que se guarda en el real santuario de la Virgen de la Fuente de la Salud combina la práctica totalidad de estos relatos legendarios. Se afirma que, en 1384, una pareja de jóvenes pastores naturales de Cervera, Jaime y Anastasio Sorlí, conducían su ganado cerca de la partida de la serra d'en Menor, en el término municipal de Traiguera. El segundo de ellos, sordomudo, sufría una intensa sed y, dado lo recóndito del paraje y la pertinaz sequía, no encontraba cómo saciarse. De pronto, observó a una de sus cabras saliendo tras unas matas con la barba goteado. Al asomarse al lugar de donde había vuelto, encontró una fuente donde se sació y, al incorporarse, descubrió en el fondo de sus aguas cristalinas la talla sagrada.

Sorprendido, llamó a su hermano a gritos. ¡Entonces, la sorpresa fue doble, pues Anastasio había recuperado la voz! No había más explicación para el hecho que la milagrosa, y ambos se dirigieron al pueblo, donde eran muy conocidos, para contar lo ocurrido. La gente no dudó de que era un prodigio divino y salió en espontánea romería al lugar del hallazgo, recuperaron la talla y la portaron hasta la iglesia de Traiguera. Sin embargo, al día siguiente la talla había desaparecido. De sorpresa en sorpresa, volvieron a la fuente donde la habían encontrado y allí estaba, señalando el lugar donde deseaba ser venerada.

Por tal motivo se erigió el santuario en un lugar tan curioso (en la actualidad, aún conserva el pozo y la fuente del milagro en recuerdo de aquel suceso). No se trata de la única anécdota, puesto que fue uno de los primeros lugares sagrados que obtuvo el privilegio real, gracias a la orden concedida por Carlos I (refrendada posteriormente por su hijo, Felipe II), que se unió a la bula papal de 1555 y la institución de la capellanía por orden de Pío V.

LA VALL D'UIXÓ
Por la senda del agua

Siempre he sentido sana envidia de cómo los italianos son capaces de obtener turismo «de cuatro piedras» (permítanme la ironía) y de que hayan conseguido crear alrededor de sus monumentos históricos (de los grandiosos a los humildes) todo un circuito de visitas y una inagotable fuente de ingresos. Poco a poco vamos apropiándonos de la idea, y distintas poblaciones de nuestra región se han animado a generar rutas turísticas alrededor de una leyenda, como el hilo rojo en Ayora o los lugares tenebrosos y sobrenaturales de Valencia.

La última población en animarse a esta clase de proyectos ha sido la Vall d'Uixó, que ha creado una fantástica «ruta del agua» que recorre la población de punta a punta por el sendero de las antiguas acequias, el acueducto y distintos puntos del río Belcaire, que atraviesa la población, y que une tanto las leyendas clásicas como el estricto desarrollo histórico de la ciudad.

La ruta parte de los acueductos de Aigualit (también conocido como de l'Alcudia), de origen romano y arco de medio punto medieval, que llegó a ser utilizado hasta bien entrado el siglo XX, y recorre la trazada de las acequias que partían de *les coves* de Sant Josep y que atraviesan el municipio, visitando lugares muy destacados de la Vall como el barrio de l'Alcudia, de origen musulmán; la iglesia del Santo Ángel Custodio, de estilo neoclásico; la casa palaciega de los marqueses de Vivel, de más de un siglo de antigüedad; o la torre de Benizahat, de origen musulmán y datada en el siglo XII. Curiosamente, este recorrido viene a unir las distintas aldeas y alquerías que formaban parte del lugar antes de ser absorbidas por la propia población, y que se han conservado como *barrios* (Alcudia, Benigafull, Benigasió, Benizahat, Zeneja y Zeneta).

LA VALL D'UIXÓ

Si es una gruta... ¿para qué necesito una barca?

«Cosas veredes», decía en castellano antiguo el buen Quijote a su inseparable amigo Sancho; «Lo que hay que ver», se traduciría en la actualidad, y este libro es buena prueba de ello: hechos sorprendentes que colocan a nuestra tierra en un lugar de privilegio por unos u otros motivos.

Así, al trasladarnos a la gruta de San José de la Vall d'Uixó, una inmensa oquedad caliza excavada por los siglos en el interior de la montaña, nos encontramos con una corriente de agua que se filtra a través de la roca y, una vez asentada, recorre más de tres kilómetros de cauce, que lo convierte en el río subterráneo navegable más largo de toda Europa.

Es un paseo tranquilo, sin apenas corriente, en un microclima de perpetua primavera con una temperatura constante de veinte grados, como explica la web del lugar, donde casi una tercera parte de su extensión es recorrida por la apacible visita turística en un ambiente misterioso y lleno de silencio.

El lugar tiene un encanto especial y fue hogar para algunos de los primeros pobladores de la comarca, que se instalaron allá por el año 13 000 a. C. y dejaron rastros de su presencia en forma de pinturas rupestres, considerablemente deterioradas por el paso de tiempo, justo en la entrada de la cueva.

LA VALL D'UIXÓ
¡Que viene el moro Mussa!

El folklore español está lleno de duendes, sacamantecas y robaniños de toda condición: algunos de inspiración real, como el *lobishome* Manuel Blanco Romasanta, y otros directamente sacados de la fértil imaginación de las viejas del visillo, perdónenme la broma, como el Butoni, uno de los grandes protagonistas del bestiario monstruoso valenciano. Pero para descubrir el origen de este singular personaje, el moro Mussa, debemos remontarnos a los tiempos en que los sarracenos se vieron obligados a abandonar los tronos en las taifas valencianas y, literalmente, echarse al monte.

El moro Mussa, Musa o Muza se inspira en distintos personajes reales (como Abú Abdalramán, gobernador del Magreb de gran importancia en la conquista de la hispania visigótica que, curiosamente, fue condenado a su regreso al Magreb y murió en la práctica indigencia), todos de origen sarraceno. En cualquier caso, la versión más extendida señala a uno de los últimos reyes de Valencia que, desterrado tras la llegada de Jaime I, huyó al norte, se escondió del enemigo y secuestró niños como venganza contra los cristianos que le habían arrebatado sus bienes y tierras.

Suele estar representando como un jinete de rostro feroz y nariz aguileña que se hace acompañar de una serpiente enroscada llamada Bocabadall y de un gato negro, conocido como Malapell, capaz de entender todos los idiomas y escuchar todas las conversaciones, incluso las susurradas, que convertían a su señor más en un brujo que un guerrero.

¿Pero por qué consideramos que Musa estuvo escondido en la Vall d'Uixó? En primer lugar, porque los famosos nidos de ametralladoras que aún se conservan en la localidad están situados muy cerca de la llamada cueva del Moro Musa (donde, según la versión local, secuestró y encerró a una pretendida, Flordenit, que no quiso casarse con él, hasta que fue rescatada por el valiente Jaume Ferrissa, caballero cristiano); y, por otro lado, porque una de las representaciones más tradicionales de los gigantes y cabezudos del municipio, que se conserva en el auditorio municipal, es precisamente este personaje que se considera propio.

LA VALL D'UIXÓ

La cueva de l'Agüela Mareta

La desaparición (o, directamente, inexistencia) de crónicas escritas entre la llegada de los bárbaros visigodos y la Reconquista de las tropas cristianas ha permitido que se mantengan leyendas y tradiciones orales que vienen a explicar esos *huecos* en el relato que en ocasiones nos encontramos. Algo así ocurre con la leyenda de la cueva de l'Agüela Mareta.

Se afirma que el último gobernador sarraceno de Shun, denominación árabe para la futura Vall d'Uixó, fue Al-Azarch (en realidad, el personaje se inspira en Abul Hasan Ibn Adzail y en su rebelión, llegando a dominar los castillos de Pego, y Serra, en Alicante), sabio *walí* de aquellas tierras de origen bereber. Viudo de joven, tenía una hija llamada Walada que dejó a cargo de su propia madre, Meisuma, que ejerció con gusto las labores de madre y de abuela para la joven (de ahí el nombre de *agüela mareta*). La capitulación del lugar se realizó frente al joven caballero aragonés Fernán Centelles, que fue huésped del *walí* y, al conocer a su hija, se enamoraron perdidamente.

Fernán y Walada sabían que el *walí* podía rendir la plaza sin derramamiento de sangre, pero jamás aceptaría entregar a su hija a un infiel, por lo que mantuvieron su romance en secreto. Una noche, estando ausente el *walí*, visitó Fernán a Walada en el palacio de Shun; algún sirviente alertó al *walí*, que regresó de su patrulla, acompañado de su guardia de honor, dispuesto a acabar por las bravas con aquella afrenta. Meisuma, que tanto amor profesaba por su nieta ahijada, los llevó por su pasadizo subterráneo, lo que les permitió huir. Cuando llegó Al-Azarh al palacio, descubrió una sombra oculta que creyó que pertenecía al joven caballero cristiano y le dio muerte… para comprobar, horrorizado, que se trataba de Meisuma, que había dado la vida por proteger el amor de los jóvenes.

Preso de la ira, el *walí* sarraceno alentó una rebelión y rompió el pacto de rendición. Aquello supuso una década de derrotas que le hicieron retroceder hasta su propio castillo, que se convertiría en su tumba: sus aliados lo traicionaron, hartos de tanta lucha por limpiar su propio honor, y renunciaron a las armas, rindiendo de nuevo la plaza frente a las tropas aragonesas, esta vez para siempre.

Esta historia permanecía en la memoria colectiva de los valleros como leyenda… hasta que durante unas prospecciones en la calle Trinidad en el año 1983, el pavimento cedió y se descubrió un pasadizo que recorría cierta distancia entre la plaza de los Chorros (donde se sabe que se ubicaba el palacio de los gobernadores sarracenos del lugar) y el barranco del Randero, en las afueras de la población, donde finalizaba en forma de cueva. ¡Fíjense hasta qué punto la ficción nos lleva, de la mano, a la realidad histórica de nuestra tierra!

VALLIBONA
La guerra privada del último maqui

Como toda buena historia, la vida de la Pastora, el considerado «último maqui de els Ports», tiene tantos elementos para inspirar un relato apasionante que, curiosamente, fue la base que empleó la novelista Alicia Giménez para *Donde nadie te encuentre*, obra con la que consiguió el Premio Nadal en 2011; no solo porque mezcle la miseria de la guerra y la ambigüedad de alguien criado como niña, pero que se sentía varón, sino por la trascendencia del propio personaje, que siempre ha despertado entre sus paisanos odios y simpatías por igual.

La Pastora nació en 1917 como persona intersexual (interhermafrodita masculino), siendo registrada como mujer y bautizada como Teresa Pla debido al consejo de un amigo de la familia con el fin de evitar el servicio militar. Objeto de las burlas debido a su aspecto masculino, apenas fue a la escuela y se dedicó durante buena parte de su infancia a la labor del pastoreo. Era entonces muy querida por los vecinos de els Ports, que la recuerdan como una persona alegre, de buen trato con los animales y con los niños pequeños.

Sin embargo, una vez acabada la Guerra Civil, distintos sucesos como la quema del mas de Cabanil en la Pobla de Benidassa, donde se refugiaban unos maquis (un grupo guerrillero antifranquista que comenzó sus actividades poco antes de terminar la contienda); una grave humillación pública donde se vio obligada a desnudarse; y, finalmente, la sospecha de que podía ser detenida por colaboracionista le hicieron desterrar su labor de pastora y abrazar el otro lado de la ley. Cambió sus ropas por otras más masculinas, su nombre por el de Florencio y entró en la Agrupación de Guerrilleros de Levante y Aragón, popularmente conocida como «la banda de los siete».

Casi dos años estuvo escondido en las cuevas y oquedades de els Ports, empleando su nuevo nombre y los apodos de la Pastora y Durruti (el apellido del conocido mando anarquista). Allí aprendió a leer y a escribir, y ayudó a sus compañeros con su profundo conocimiento del lugar hasta que se trasladó a Andorra, donde malvivió del contrabando de tabaco o trabajando ocasionalmente como pastor en dos masías hasta su detención en 1960. Se le atribuyeron numerosos crímenes (principalmente saqueo, pillaje y secuestros, pero también casi treinta asesinatos de guardias civiles y políticos locales), se la etiquetó como «mujer lesbiana cruel y de instintos criminales», y pasó diecisiete años en prisión, hasta su indulto en 1977. Falleció en 2004 tras haber conseguido ser registrado como varón y sin participar apenas en el juego mediático, que trató, en ocasiones, de extender su mito más allá de los hechos.

VALLIBONA

¡Qué grande es ser pequeño!

Dicen que el tamaño no siempre es lo más importante y, en cuanto a cultura y atractivo turístico, es un hecho indiscutible: lugares diminutos pero espectaculares en pleno Camino de Santiago, como Ponte Maceira (27 habitantes); catedrales románicas para 50 residentes, como la de Roda de Isábena; o, en el caso que nos ocupa, auténticos tesoros de pintura árabe en un municipio de els Ports de Morella de tan solo 75 vecinos.

Estamos hablando de Vallibona, una población cercana a Morella y cobijada en las montañas. A pesar de que el censo apenas supera los cien moradores desde mediados del siglo pasado (fruto, sobre todo, de la emigración hacia las capitales de provincia más cercanas), conserva varias joyas arquitectónicas de incalculable valor y que la convierten en un atractivo turístico de primer orden.

En esta «pildorita» nos centraremos en la iglesia de Ntra. Sra. de la Asunción, datada en la segunda mitad del siglo XIII, de estilo gótico valenciano… con una auténtica obra de arte en su interior: un techo de madera policromado, situado en la capilla de la Comunión y de origen mudéjar, sin parangón en toda la provincia. Predominan los colores ocre (rojos, amarillos y anaranjados) y el verde, y en él se representan distintas escenas de la vida cotidiana, pasajes de la Biblia, flora y fauna local, así como escudos heráldicos de la época.

Aparte de este importante detalle, conviene apuntar que en su interior tuvieron lugar diversas reuniones previas al Compromiso de Caspe que nos hablan de la importancia que el templo tuvo en su momento y la riqueza que llegó a atesorar un lugar ahora tan pequeño..., pero que puede recordar con orgullo su eterna grandeza.

VALLIBONA
Caravana de... hombres

Los aficionados a las películas clásicas del Oeste se acordarán de la famosa cinta de 1951 donde un grupo de mujeres casaderas atravesaba Norteamérica de costa a costa para casarse con los hombres de un pueblo despoblado de féminas. Años después, muchos lugares de lo que ahora conocemos como «España vaciada» imitaron el guion y mozos o mozas se trasladaron aquí y allá para mejorar sus perspectivas matrimoniales.

Sin embargo, el caso que nos ocupa es mucho más antiguo y viene a explicar una tradición que une las poblaciones de Vallibona y Peñarroya de Tastavins, en la provincia de Teruel. Esta leyenda se remonta a 1347, cuando una pandemia de peste negra (la más importante de la historia y que azotó tres continentes en el transcurso de seis años) arrasó el municipio castellonense, hasta el punto de que fallecieron todas las mujeres en edad fértil.

Ante este terrible panorama, que suponía de hecho la muerte anunciada del pueblo, un grupo de siete hombres atravesaron los tortuosos caminos que separaban Vallibona de Peñarroya (principalmente, el conocido como Toll de Gorg, en el Parque Natural de la Tinença de Benifassà), donde encontraron a otras tantas mujeres dispuestas a trasladarse hacia el este y casarse con ellos. Desde entonces, cada siete años y en recuerdo de aquella curiosa hazaña, el pueblo de Vallibona sale en procesión (la última de las cuales tuvo lugar en 2019), y recorre a pie los treinta kilómetros que lo separan del municipio turolense, dando gracias por ese milagro que mantuvo viva Vallibona.

VILLAFRANCA DEL CID / VILAFRANCA
La triste muerte de una empresa centenaria

En ocasiones, un negocio crece hasta el punto de que se convierte en historia viva de un municipio o región, toma el papel de patrocinador de sus conjuntos deportivos y asegura la estabilidad económica de incontables familias durante generaciones. Por ello, cuando se trasladan o desaparecen para siempre, el drama se transforma en un hecho tan real y palpable que alcanza hasta el último estamento de la sociedad. Algo así ha ocurrido con la empresa textil Marie Claire.

Nacida en 1907, aprovechando la infraestructura sedera de Villafranca del Cid, fue Francisca Íñigo su principal promotora. Esposa de Celestino Aznar, comerciante de ganado equino, convirtió su tiempo de ocio y su afición por la costura en un incipiente negocio de medias conocido como Lencería Eugenia de Montijo (exacto, como la emperatriz de Francia, esposa de Napoleón III), donde llegaron a trabajar, en una plantilla que incluía una decena de niños, los propios hijos del matrimonio.

Superados los conflictos motivados por los aranceles textiles a Inglaterra (que enriquecieron a Cataluña y empobrecieron a Galicia, en un somero resumen), la clientela potencial de la región vecina, así como la nueva maquinaria traída de Barcelona, aseguran una posición privilegiada al negocio de Francisca; vuelcan la inversión familiar en la nueva fábrica, después de vender todos sus animales al Ejército francés (muy necesitado de equipamiento bélico recién iniciada la I Guerra Mundial), y consiguen un éxito atronador en aquellos *felices veinte*, una vez acabada la Gran Guerra, en los que la moda femenina se convierte, por fin, en un filón inversor.

La seda natural, la artificial y el rayón dejaron paso al nailon y la licra, patentados en Estados Unidos, así como al diseño cómodo y funcional del panti (medias de una única pieza, como un pantalón flexible y ajustable). Marie Claire (atrás quedaron los tiempos de Eugenia de Montijo) no se quedó al margen, y no solo entró en la competición, sino que abrazó la cultura popular con muy ingeniosas estrategias de publicidad (en la mente de tres generaciones quedan frases como «No son medias... ¡son enteras!», «un panti para cada mujer» o «Marie Claire, el panti color de la nueva mujer»). La marca sobrevive a la crisis de los ochenta y los noventa, con la aparición de inversores internacionales y la expansión fuera de la Península, pero la competencia provoca que, a partir de 2005, las pérdidas comiencen a superar a las ganancias hasta que, en junio de 2023, se anuncia concurso de acreedores; la pandemia de 2019, donde intentaron remontar el vuelo fabricando mascarillas y batas sanitarias, fue su canto de cisne antes de rendirse a la terrible realidad.

Tras llegar a facturar más de ochenta millones de euros anuales y dar trabajo a mil personas, Marie Claire echa el cierre y pone punto final a un brillante renglón de la historia económica de nuestra provincia.

VINARÒS

¡Protégeme de la peste!

Muchos de los edificios religiosos a lo largo y ancho del país surgen de la propia devoción, tanto de la curia eclesiástica como de los propios devotos que, empujados por la fe o el agradecimiento, deciden invertir sus bienes y hasta su vida en rendir culto a su santo protector. Algo así ocurrió con la ermita de San Roque, en Vinaroz, ya desaparecida, y que se envuelve en una curiosa leyenda.

Su ubicación se sitúa en las afueras del municipio, en la conocida como Colonia Europa, y se atribuye al sincero agradecimiento de un huertano (otras versiones apuntan a un pastor de la familia Serret) que, tras sobrevivir a la epidemia de cólera que azotó buena parte del Levante español en 1885 (y que aceleró la creación de lazaretos en Vinaroz y Almenara, entre otras poblaciones), después de rogar con enorme convicción a san Roque para que lo librara del mal, puso todo su empeño y patrimonio en erigirla y dedicarla al santo, así como regalar una imagen del mismo.

Aunque la ermita original, una humilde *caseta de volta de rajola* típica de los agricultores temporeros de secano[12] e inspirada en la llamada «bóveda o volta valenciana» del arquitecto Rafael Guastavino, desapareció al poco tiempo de construirse, sobre su estructura se reformó una segunda ermita. Esta, iniciada en 1913 y bendecida en 1925, también tuvo que ser trasladada al

---

12 En la actualidad, estas construcciones tradicionales se encuentran en proceso de protección y conservación gracias a numerosas iniciativas dirigidas por el Consell de Cultura.

encontrarse sobre el trayecto de la carretera nacional que unió Vinaroz con la red nacional en los años sesenta. Finalmente, en la actualidad se conserva una nueva edificación de ladrillo, proyectada por el arquitecto José Gómez Sanjuán, junto a la mencionada carretera, que aprovecha parte de la estructura que había sido derribada.

VISTABELLA DEL MAESTRAT
En esta tierra... se oculta el mal

Suele ocurrir que, cuando Hollywood hace una película de terror sobre el fin del mundo o las obras del maligno, visita Nueva York, Londres, París o cualquier capital del globo llena de glamur... pero no se le ocurre pensar en la provincia de Castellón. Porque, aunque resulte chocante, la historia negra de nuestra tierra también está envuelta en el tridente, el rabo retorcido, y huele considerablemente a azufre.

Durante casi treinta años se extendió un culto cuyo líder, el llamado tío Toni, un antiguo curandero reconvertido en mesías, ofrecía una fe que mezclaba el cristianismo clásico con el esoterismo y la sumisión sexual. Afincado en una masía de Vistabella del Maestrat conocida como mas de la Chaparra, atrajo a varias decenas de personas que lo idolatraron hasta el punto de que conservaban mechones de su pelo como reliquia o llegaban a creer que era capaz de curar el cáncer: él mismo se consideraba un «enviado de Dios».

Como suele ocurrir en estos casos, los detalles escabrosos se mezclan con los curiosos: los adeptos trabajaban hasta la extenuación en una situación de práctica esclavitud, ofreciendo la gestión de buena parte de sus bienes al propio tío Toni, que acumulaba en el momento de la detención casi veinte mil euros en efectivo y una importante colección de relojes de alta gama.

Por desgracia, todo esto no era más que una patraña que le permitía acercarse a jóvenes recién entradas en la adolescencia y mujeres adultas para mantener relaciones íntimas con ellas, llegando a engendrar hasta cinco niños cuya paternidad aún se discute.

A diferencia de aquel conocido capítulo de *Los Simpson,* nadie escapó con un autogiro a pedales camuflado de nave espacial: el caso acabó en los tribunales, aunque el cabecilla falleció en prisión en mayo de 2022, antes de poder ser llevado ante el juez.

ZORITA DEL MAESTRAZGO
¡Es una bruja!

Aunque en un volumen *hermano* de este dedicábamos una amplia entrada al santuario de la Balma, con sus endemoniados y sus supuestas curaciones milagrosas, dejamos abierta la puerta a una de sus herederas, casi contemporáneas, y que caminaron por el filo de la brujería durante décadas: las Caspolinas, cuyas andanzas obligaron a las autoridades eclesiásticas a tomar cartas en el asunto poco antes del inicio de la Contienda Civil en 1936, arrancando de raíz sus actividades.

Su nombre procede del origen de muchas de estas mujeres, la población aragonesa de Caspe, a pesar de que la gran mayoría desarrollaron su labor a la sombra (y la leyenda) del santuario de la Balma, en Zorita, desde sus primeras romerías, fechadas en el siglo XIV. Se las acusaba de azuzar en los *endemoniados* el miedo y la superstición (muchos de ellos mostraban los síntomas de la epilepsia y otras enfermedades mentales corrientes) aprovechándose de su ignorancia y su credulidad para obtener beneficio. Realizaban todo un ceremonial que se iniciaba con una numerosa procesión al santuario y concluía de forma catártica arrojando piedras en el acantilado como forma de expulsar los demonios.

La existencia de estas brujas se recoge en un edicto del Concejo de la Villa de Caspe en 1546, donde se definen a la perfección y se demuestra lo poco que evolucionaron sus métodos a lo largo de los siglos: «que en la presente villa de Caspe [...] haya broxas maléficas, benéficas, homicidas, nigromantes y encantadoras y apedreaderas y dilapideras». El detalle final, donde se describía la forma de finalizar su aquelarre, demuestra hasta qué punto eran conocidas por el pueblo llano. Sin embargo, es en la obra *Tres días con los endemoniados*, de Alardo Prats, en la que, con un depurado estilo periodístico para la época, expone una realidad que no había pasado desapercibida para nadie…, pero que seguía envuelta en el misterio.

Las autoridades de la República primero, y la Guardia Civil tras la contienda fratricida (limitando el acceso al santuario, que quedó aislado durante años), prohibieron finalmente todas estas prácticas. En la actualidad, su huella ha quedado reducida al rumor y la anécdota, pero recuerden…: *haberlas haylas*.

MISCELÁNEA
Ovnis en el desierto

Como bien saben, el Desierto de las Palmas es una gran extensión de terreno compartida por los municipios de Benicàssim, Cavanes, Puebla Tornesa, Borriol y Castellón, conocido no solo como parque natural y espacio protegido, sino también por una interesante historia: en el aspecto histórico se remonta al paleozoico, mientras que en cuanto a leyendas y folklore suele arrancar en las andanzas de sus monjes carmelitas durante la Edad Media. Sin embargo, ha llegado a ser empleado como zona de paso de tráfico aéreo... ¡de ovnis, nada menos!

El 12 de julio de 1983 numerosos visitantes del parque informaron de extrañas siluetas que surcaban el cielo, hasta el punto de que buena parte de la prensa nacional se hacía eco del suceso: en un periodo de diez minutos observaron «objetos fusiformes» que atravesaban el firmamento a gran velocidad con movimientos irregulares en espiral, con una trayectoria de sur a norte (el avistamiento llegó a realizarse incluso en la población de Vinaroz, donde el ejército emitió un informe completo, desclasificado en 1996, tras ser informados por un turista de origen francés). Dejaba tras de sí una estela con una curiosa forma de cuña.

Tan trascendente fue aquel avistamiento que llegó a ser motivo de discusión en el Congreso, donde se recogió la consulta de un diputado de Alianza Popular, Gabriel Elorriaga, que obligó al Gobierno socialista de la época a admitir la presencia de objetos voladores no identificados que no habían sido detectados por el radar de la zona, pero sí por un grupo de aviones Phantom procedentes de la base de Torrejón y dos aviones comerciales de Iberia. La investigación se cerró como «caso de espionaje sin resolver» o «cohete lanzado desde un submarino en aguas del Mediterráneo».

Las dudas y contradicciones de las distintas teorías (algunas de las cuales apuntaban a la procedencia espacial del objeto señalándolo como meteorito u otro elemento en proceso de desintegración) motivaron que los rumores se desataran y, a pesar de haber transcurrido cuarenta años del suceso, sigan alimentando la imaginación de los buscadores de lo desconocido.

MISCELÁNEA
¡Que nadie descubra nuestro secreto!

Cuando se cuenta con un paraje natural o un espacio protegido, nacen sentimientos encontrados en los vecinos y la Administración: ¿mantenemos oculto ese vergel en la tierra o lo promocionamos intensamente buscando explotar el recurso a sabiendas de que puede masificarse o deteriorarse por el simple uso? Algo así ocurre con el Parque Natural de Irta, un rincón de enorme belleza natural, pero muy poco conocido, que se encuentra en ese corazón de la provincia que mira al Mediterráneo.

Se extiende sobre trece kilómetros de costa entre las dos poblaciones de Peñíscola y Alcocebre, y queda delimitado en el interior por Santa Magdalena de Pulpis y Alcalá de Chivert. Infinidad de *webs* y revistas turísticas lo definen por como un «paraíso escondido», costa virgen en buena parte de su recorrido con la montaña junto a las calas. Recibió el título de Parque Natural y Reserva Marina en el año 2002 y, afortunadamente, no ha sufrido la invasión del ladrillo ni de los domingueros, lo que es un detalle sorprendente en una zona de tamaño atractivo turístico.

Pero no solo merece la pena unirse a los visitantes ocasionales por los lugares en plena naturaleza, su flora y su extensa fauna: numerosos castillos y torres fortaleza, muchos de ellos de origen musulmán, se extienden a lo largo de su perímetro: la torre Badum, datada en 1554 (aunque se cree que esta fecha corresponde a su rehabilitación, por lo que sería aún más antigua), que remata uno de los acantilados más altos de toda la Comunidad Valenciana; la torre de Ebri, erigida en tiempos de las *razzias* berberiscas que azotaron nuestras costas; o el castillo de Pulpis, de origen sarraceno y que fue entregado a la Orden del Temple y, tras su disolución, a la de Montesa. También podemos descubrir el faro de Irta que, a fecha de hoy y junto con el de Nules, son los únicos de toda España diseñados por mujeres.

MISCELÁNEA
El asesino del círculo

Afortunadamente, nuestro país no es uno de los más peligrosos del mundo en cuanto a asesinatos (alrededor de 350 homicidios al año, frente a las cifras escalofriantes de China o India —más de 40 000—, o México —unos 35 000—), y aún menos los casos de asesinos en serie, que suelen aparecer en países de mucho mayor tamaño, como Estados Unidos o Rusia, donde es más sencillo trasladarse o pasar desapercibido. Sin embargo, Castellón tiene el dudoso honor de contar con el mayor asesino en serie de la Comunidad Valenciana: Joaquín Ferrándiz Ventura, más conocido como «el asesino del círculo».

Tras una primera condena de catorce años por violación en 1989, coincidió en prisión con un uxoricida, de quien decidió imitar los métodos para acechar a sus víctimas, secuestrarlas, abusar sexualmente de ellas y ejecutarlas, todas mujeres entre dieciocho y treinta años, a las que maniataba con sus propias ropas y asfixiaba. A varias de ellas las abandonó en un río cerca de Villareal. Curiosamente, consiguió su primera libertad condicional gracias a la presión de la familia y su círculo social, que consideraban injusto su encarcelamiento y desproporcionada su sentencia.

Cinco asesinatos en poco más de un año, en una zona acotada entre Onda, Benicàssim, Castellón y Villareal, siempre cerca de lugares de ocio, discotecas y donde se ejercía la prostitución, estrecharon el círculo sobre él y, finalmente, consiguieron dar con su paradero. Aunque inicialmente solo quiso admitir dos violaciones, finalmente se reunieron pruebas suficientes (principalmente, la coincidencia de la cinta aislante que se encontró en su casa con la recogida en las fallecidas), como para señalarlo culpable de no menos de cinco asesinatos y condenarlo a casi setenta años de prisión, de los cuales ya ha cumplido veinticinco. Diagnosticado de psicopatía y no habiendo participado en programas de reinserción o terapias, abandonó el centro penitenciario en julio de 2023 e informó de su inminente marcha del país, apostillando que no volvería jamás a Castellón «por respeto a las víctimas».

A título de curiosidad, fue el primer caso de España donde se utilizó un perfil psicológico del presunto criminal para ayudar a su resolución y, de igual manera, se empleó la teoría geográfica criminal: trazando un círculo que uniera el lugar donde fueron descubiertas las víctimas, el centro de esa figura debía indicar, aproximadamente, la zona de residencia del asesino, motivo por el cual recibió el sobrenombre que lo identifica para la posteridad.

MISCELÁNEA

Las serpientes de ICONA

Existe mucha polémica en la actualidad, alentando esa *conspiranoia* global de que «los grandes poderes nos controlan», al respecto de las estelas de los aviones que, lanzando yoduro de plata para disipar las nubes o compuestos químicos para volvernos tarambana, han conseguido ganarse una fama terrible bajo el nombre de *chemtrails*. Pero, ciertamente, los «aviones que lanzan cosas» son una leyenda urbana muy extendida en el país desde los años setenta del siglo pasado: topillos en Andalucía (¡cincuenta millones, nada menos!), ratas en las Baleares, meloncillos o mangostas por toda la Península y, en el caso de Castellón, serpientes.

Gente de numerosas poblaciones castellonenses (se recoge la historia prácticamente idéntica en Onda, Alcora y otras poblaciones cercanas) aseguran que, desde los tiempos de la Transición, el ICONA (Instituto para la Conservación de la Naturaleza, disuelto en 1995) se dedicó a arrojar serpientes desde avionetas que volaban a baja altura, algunas de ellas introducidas en tubos para protegerlas de la caída, sobre zonas de bosque y montaña. ¿El motivo? Pues unas fuentes hablan de repoblación y otras de hostigamiento a ganaderos y agricultores para que abandonen sus explotaciones y, así, poder urbanizar zonas protegidas. Como ven, toda una conjura propia de una novela de intriga.

Como buena leyenda urbana, estas historias son viajeras... y cambian de medio de transporte a medida que se alejan: en Castilla y León, las serpientes vuelan en helicóptero y se lanzan en cajas,

agrupadas y apiñadas. La razón de que las serpientes castellonenses sean «aviadoras» responde principalmente al aeródromo privado que se encuentra ubicado en las cercanías de la serra d'Espadà,
de donde despegan numerosas aeronaves de vuelo de proximidad
a lo largo del año.

MISCELÁNEA

Una vida por nuestra tierra

Aunque el objetivo de este anecdotario no es convertirse en una colección de personajes célebres al uso, lo cierto es que quedaría huérfano de no recordar la vida y logros de uno de los castellonenses más insignes que ha tenido la provincia. Polifacético (fue diplomático, político, ensayista y avispado empresario) y capaz de emprender a muy distintos niveles, siempre con el objetivo de engrandecer su tierra, nos referimos a José Polo de Bernabé y Borrás.

A pesar de haber nacido en Cuartell, entre Valencia y Castellón, su destino siempre estuvo unido a nuestra provincia: su familia era originaria de Vila-real y su extenso patrimonio se repartía entre esa localidad, Lucena y Nules. No tardó en dirigir sus pasos hacia la política, donde llegó a ser teniente de alcalde de Valencia, diputado a Cortes y senador por las Baleares; acabó sus días como senador vitalicio perteneciente a la Unión Liberal de O'Donnell. Algunas de sus iniciativas fueron tan populares como la estatua ecuestre de Alfonso XII erigida en un lugar privilegiado del parque del Retiro en Madrid.

Sin embargo, su labor profesional se recuerda todavía más que su bagaje político, puesto que fue el promotor del cultivo del mandarino (la tercera parte de las mandarinas de España se producen solo en nuestra provincia). Los plantó en unas hanegadas de vid y algarrobo de su propiedad en Burriana, actualmente conocidas como el Palasiet. También extendió las redes de exportación de cítricos a Inglaterra y Países Bajos. De igual modo, introdujo el empleo del guano, los abonos químicos y los superfosfatos en la agricultura, lo que aumentó exponencialmente la producción del terreno, convirtiendo a Castellón en uno de los ejemplos de cantidad y calidad en este campo.

Finalmente, no debemos olvidar el duelo, ya mencionado en este mismo libro, que mantuvo con Ramón de Campoamor, que acabó con la victoria de este último, el perdón de la vida de Polo de Bernabé en un acto de caballerosidad, y la sincera amistad que se estableció entre ambos hasta el fin de sus días.

MISCELÁNEA
Las pinturas de nuestro pasado

Hablar de las pinturas rupestres de la Valltorta, un paraje natural que se extiende a lo largo de veinte kilómetros entre las Cuevas de Vinromá, Tírig y Albocácer, es hablar de los orígenes de la civilización en nuestras tierras. No solo se trata de una de las muestras más notables de arte rupestre levantino, declarado patrimonio de la humanidad en 1998, sino que traza un dibujo, nunca mejor dicho, de lo que fue nuestro pasado (al menos, en lo que al Mesolítico se refiere).

Estas pinturas, en ocre rojizo que contrasta con la caliza blanca del lugar, se dividen principalmente en figuras animales, que representan las zonas de caza más habituales de la época (acompañadas principalmente de lanceros y arqueros), y otras figuras humanas, que simbolizan tanto momentos de la vida cotidiana como actos sociales y religiosos, lo que las convierte en únicas en todo el mundo. Hay un total de veintiuna localizaciones en cuevas y oquedades, que, tras más de siete mil años, mantienen sus trazos y nos revelan muchos de los secretos de nuestros antepasados.

Dentro de su originalidad, podemos destacar la cueva del Civil, donde puede distinguirse una especie de danza guerrera entre los cazadores dibujados (otros expertos teorizan acerca del enfrentamiento entre grupos rivales); o también la cueva de los Caballos, la primera en descubrirse, en 1917, donde un grupo de ciervos son acechados por una partida de arqueros, y que ha sido recreada en su totalidad en el Museo de la Valltorta, para preservar el original solo para la investigación arqueológica. Pero no podemos dejar de destacar los dibujos funerarios que se pueden apreciar en enterramientos: el de un varón en las cuevas del Puntal y el de una mujer en el Abrigo Centelles.

MISCELÁNEA
Un récord tras otro

Para quien no lo sepa, el origen del *Libro Guiness de los récords* responde a la necesidad de un grupo de amigos cazadores de obtener una fuente fiable a la hora de consultar sus apuestas y bravatas: hablamos del año 1951, desde entonces ha llovido mucho... y parte de esa lluvia de récords ha venido a parar a nuestra tierra castellonense, donde acumulamos toda suerte de curiosidades difícilmente superables.

Por ejemplo, el récord de *rock* acrobático[13], que se batió en 2006, durante un conocido programa de televisión, cuando la pareja de baile formada por Mónica Martínez y David Felip, de Almassora, realizaron nada menos que 50 vueltas completas, una sobre el cuello de otro, en 38 segundos. Curiosamente, el récord anterior, que también les pertenecía a ellos, era de 47 vueltas... ¡en un minuto!

En cuanto a resistencia sobre una *handbike* (bicicleta accionada con las manos), nadie supera a Francisco Domingo, de Almenara: nada menos que 6135 kilómetros a lo largo de 58 días, atravesando 10 países (de Almenara a Santiago de Compostela... ¡cruzando Francia, Italia, Suiza, Alemania, los Países Bajos y hasta Inglaterra!). Un auténtico Camino de Santiago por la ruta más difícil posible.

En el ámbito de la elegancia, nadie supera a Oropesa del Mar... Básicamente porque, en septiembre de 2014, y gracias a la inicia-

---

13 Como apunte, el primer grupo de *rock* acrobático de España, los suizos Michael y Nicki, se instalaron en Castellón en 1979.

tiva de la revista *Elegance Tendencias*, se realizó la pasarela de moda más grande del mundo: nada menos que 3 kilómetros y 200 metros de recorrido por el complejo Marina d'Or, con una alfombra roja de 4 kilómetros y centenares de modelos desfilando de forma simultánea. Curiosamente, la publicación mantuvo durante varios años el récord de la revista más grande del mundo, casi 9 metros cuadrados, que estuvo expuesta en el Centro Comercial Salera de Castellón en 2016.

Incluso un deporte tan tradicional y genuino como el tiro y arrastre, donde un solo caballo debe mover cargas en carro cada vez más pesadas, tuvo su récord y se batió en Benicarló: en 2004, un único tiro formado por nada menos que 105 caballos alineados a lo largo de 300 metros formaron la caravana más larga de animales en un único carro.

MISCELÁNEA

Cuando los dinosaurios dominaban... Castellón

Recordarán que en la película *Parque Jurásico*, la aparición final de tiranosaurio culminaba con la pancarta «When dinosaurs ruled the Earth» ('Cuando los dinosaurios dominaban la tierra'), título a su vez de una curiosa cinta de 1970 cuyos efectos especiales corrieron a cargo del brillante artesano Ray Harryhausen. Algunos se preguntarán, en este punto, qué tiene que ver el cine con nuestra tierra, y la respuesta es sencilla: durante millones de años, la provincia de Castellón fue habitada por los mismos seres titánicos que se veían en esos films.

Morella, en concreto, se considera cuna de una especie, desconocida hasta el momento y que ha sido nombrada, en honor a la población, como *Morelladon beltrani,* que vivió en el periodo Cretácico (alrededor de 130 millones de años). Los restos fueron hallados en unas catas realizadas en la cantera Mas de la Parreta desde el año 2013. Con una longitud estimada de seis metros y dos toneladas de peso, la ausencia de cráneo solo permite imaginar una silueta similar al iguanodón, algo más pequeños, y herbívoros como ellos.

Respecto a los iguanodones, la mayoría de los restos de la península ibérica se encuentran repartidos entre Teruel y Castellón, además de hallarse nuevas especies similares, como el portellsaurio, encontrado en un yacimiento del Portell hace apenas tres años, y que comparte fisionomía con los anteriores.

Sin irnos mucho más lejos, el yacimiento de Cinctorres alumbró uno de los hallazgos más sorprendentes de la paleontología reciente: cinco vértebras y una mandíbula parcial del que podría ser uno de los carnívoros más grandes de su era, el *Protathlitis cinctorrensis*, bautizado así por el lugar de su descubrimiento y en honor al título europeo conquistado por el Villarreal CF en 2021 (*protathlitis* significa, en griego, 'campeón').

Finalmente, regresaremos a Morella para recordar el descubrimiento, en 2018, de una pieza vertebral del que podría haber sido el mayor dinosaurio herbívoro de la península ibérica: un hueso de 1,20 m de largo perteneciente al cuello de un gigante similar al brontosaurio. Su magnífico estado de conservación permitirá ubicar con facilidad la familia animal a la que pertenece.

MISCELÁNEA
Tierra de toros

A pesar de que para muchos es una tradición bárbara, la tauroma-
quia, tanto en coso como en las diversas vertientes de los *bous al ca-
rrer*, cuenta en nuestra provincia con numerosos ejemplos, algunos
de los cuales se remontan a cientos de años y se convierten en una
atracción turística de primer orden. Con todo nuestro cariño para
la enorme cantidad de costumbres taurinas repartidas por Castellón, compartiremos en esta «pildorita» unos cuantos ejemplos.

En Chóvar, sin ir más lejos, se mantiene una tradición centenaria
y única en toda España: mozos y mozas se parapetan tras un escudo hecho de cañizo (y, por ello, reciben el nombre de *canyissers*),
y tratan de conducir al animal a los toriles con la única ayuda de
esa endeble protección.

De interés turístico internacional es considerada la entrada de toros y caballos de Segorbe, un intenso espectáculo donde la fuerza
de los animales y la destreza de los jinetes ofrece una mezcolanza
única que se ha convertido en todo un reclamo para los visitantes.
Datada en el siglo xv, estas entradas tienen lugar durante el mes
de septiembre y reúnen a miles de personas al acostumbrado sonido del tañer de las campanas de la iglesia, que da comienzo al acto.

Vecino de Onda desde hace años, aunque nacido en Chinchón, es
considerado el mejor recortador de todos los tiempos: Sergio Del-
gado, cuatro veces campeón de España de recorte. Tan solo con su
temple y unas anillas encintadas, que debe colocar en los cuernos
del animal, demuestra su arrojo y su pericia en el coso. Se trata de
una disciplina muy elogiada, donde no hay daño posible para el ani-

mal y sí un enorme riesgo para el humano, que solo puede emplear la velocidad y la agilidad de su cuerpo para evitar sus embestidas.

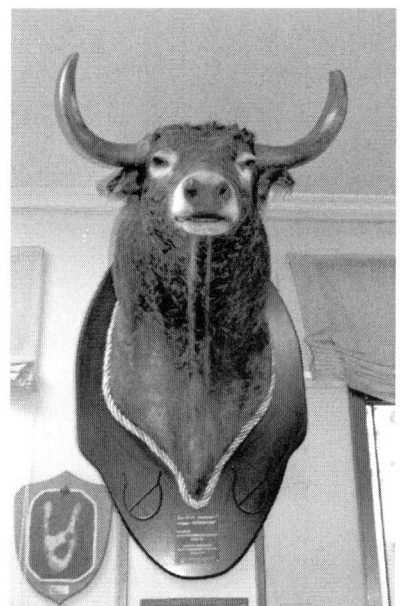

El estudio de la historia en municipios como la Vall d'Uixó y la extensión de los festejos relacionados con los toros llegó a plantear hasta qué punto el prehistórico uro (extinguido en el siglo XVII y popularizado en cosos y plazas de la época romana) tuvo que ver con ese interés social, cuyas raíces profundizan en las costumbres moriscas desde los siglos XV y XVI hasta su expulsión, y que ha evolucionado hasta lo que conocemos en la actualidad.

Incluso algunas leyendas locales tienen al toro como protagonista: se cuenta, por ejemplo, que los últimos habitantes sarracenos de Xodos, a los pies del Penyagolosa, encerraron sus bienes más preciados y el tesoro del lugar en lo más profundo de la montaña. A continuación, encantaron a un joven príncipe que se presentó voluntario y que adquirió la forma de un imponente toro bravo que cargaba con furia contra cualquiera que se acercara al lugar donde se escondían las riquezas de su pueblo, a la espera de que estos volvieran a reclamar lo que era suyo por derecho.

MISCELÁNEA
Dichos, dimes y diretes...

Parte importante del folklore y de la tradición oral de un pueblo son sus dichos y refranes populares: algunos reflejan la sabiduría de generaciones y otros resumen, en muy pocas palabras, enfrentamientos generacionales entre poblaciones vecinas que se dedican toda clase de improperios, a cual más original. La dificultad en este caso suele ser adaptar la mejor versión (comprobarán que algunos han ido cambiando a lo largo de los años) o intentar que el original en valenciano no pierda sentido con la traducción. Veamos alguno de los más populares.

«A Onda la claven fonda, a Bechí en el florí[14] i a Vila-real fins al final / fins que fa mal» ('En Onda la clavan hondo, en Bechí con el florín y en Vila-real hasta el final / hasta que hace daño'), recuerda no solo algunos de los clásicos duelos a espada que tenían lugar entre los caballeros medievales, sino que juega con sarcasmo con «las herramientas del amor» que tan fácilmente se dejan rimar.

Decenas de versiones encontramos que empiezan con «plou i fa sol» ('llueve y hace sol'), que recuerda tanto una popular canción infantil como la costumbre de sacar en procesión a los santos. «Plou i fa sol... Nostra Senyora de Borriol / les campanes de Borriol / pel camí de Borriol» ('Llueve y hace sol... Nuestra Señora de Borriol / las campanas de Borriol / por el camino de Borriol'), «Plou i fa ombra, les campanes de la Pobla» ('Llueve y hace sombra, las campanas de la Pobla [Tornesa]'), «Plou i fa lluna, pel camí de Llecuna» ('Llueve y hace luna, por el camino de Llecuna[15]').

---

14 También «A Betxí amb el florí».

15 Llecuna o Llacuna, lugar muy característico a las afueras de Albocàsser.

Comparten dicho Bechí con Algemesí (y alguna que otra población terminada en í): «De Betxí/Bechí, ni dona ni rossí si casa que siga d'allí» ('De Bechí, ni mujer, ni rocín ni casa que sea de allí'), que deja bien a las claras lo poco que admiran las bondades de la localidad algunos de sus vecinos.

Más poética es la frase «Ahín es el meu poble /el primer poble, Eslida és el primer cel, Artana és el purgatori i Vilavella, l'infern». Quizá la contrastada belleza de Ahín, de apenas ciento cincuenta habitantes, considerado para muchos uno de los pueblos más hermosos de la provincia, ha despertado envidias de los vecinos hasta el punto de generar un dicho tan contundente.

Nos recuerdan las cruentas guerras carlistas la frase «A Tales mengen plom y caguen bales», recordando el asedio de O'Donell sobre los defensores de la plaza, con el general Cabrera al frente: tras dos semanas de lucha, la población quedó prácticamente arrasada, hasta el punto de que en su escudo de armas hay una figura humana destruyendo con una piqueta un muro. ¡Son de armas tomar, pues!

No falta una colección de refranes en la Ribera Alta, como el que asegura que «Montserrat és costerut, Montroi un corral de vaques, i a Real que és tan / està planet es crien les xiques guapes» ('Montserrat es empinado, Montroi un corral de vacas, y en Real, que es tan llanito, se crían las chicas guapas'), donde quizá el peor parado sea el municipio calificado «corral de vacas», apelativo muy despectivo que comparte, puntualmente, con el estadio de la Cerámica en Vila-real (calificado como tal por el presidente de honor del Levante UD, Paco Fenollosa, en una de las numerosas batallas dialécticas que nos ha regalado el fútbol).

Y hablando de relaciones complejas entre valencianos y castellonenses, la popular expresión *mig ouet* ('medio huevito') se empleaba para referirse a los *collidors* valencianos que acudían a trabajar a los campos de labor en tierras de la Plana. ¿Por qué?

Pues cuenta la leyenda que los valencianos hacían dos paradas para avituallarse (almuerzo y comida), mientras que los agricultores locales solo hacían una, mucho más potente; al preguntarles qué comían, contestaban «ara mig ouet, després ja/ya vorem» ('ahora medio huevito, después ya veremos'), lo que generaba risas y bromas acerca de su supuesta flojera. El término ha evolucionado, manteniendo su tono despectivo, pero ahora también se emplea para criticar el centralismo del *cap i casal* y muchos de sus políticos[16].

No olvidemos que en Alcora son *gelats* porque, según dicen las malas lenguas, ataron a un pobre burro junto al campanario de la iglesia y se olvidaron del animal; cuando se acordaron de él y fueron a su encuentro, había muerto congelado. Por no hablar de Nules, zona de paso de carreteros y lugar de buen beber, donde se aseguraba que «A Nules, entra de cara i ix de reculés» ('En Nules se entra de cara y se sale de culo'), a lo que algún nulense avispado respondía con otro refrán que alude a la profesión de la madre de quien soltaba la primera bravata, y que no mencionaremos aquí por haber niños y niñas delante…

---

16 Otra de las versiones que corren por Castellón apunta a que, en épocas de carestía, los burgueses valentinos, incapaces de admitir su pobreza, acudían al mercado pidiendo solo «mig ouet i mig pollastret» ('medio huevito y medio pollito'), incapaces de adquirir nada más.

MISCELÁNEA

Oiga, que aquí he venido a hablar de mi libro

No tienen que preocuparse: la cita de Francisco Umbral, madrileño de Lavapiés, es totalmente gratuita, pero casa perfectamente con la que va a ser la última «pildorita» de este libro. Como habrán comprobado, aparte del deseo de que todas ellas hayan sido de su agrado, algunas de las más conocidas parecen habérsele olvidado a este humilde *juntaletras*. Pero, claro, antes que este tuvimos una colección llamada *Historia del Reino de Valencia en pildoritas*, y muchas están recogidas en él, por lo que no solo era mi intención ser lo más original posible, sino también animarlos, al acabar el que tienen en sus manos, a darle la oportunidad a aquel.

En ese volumen encontrarán, por ejemplo, el origen mítico de las grisallas de la ermita de San Pablo, en Albocàsser, y la huella de los cátaros en sus pasajes. O quizá hallarán la mítica fuente de Almanzor (en realidad, un morisco rebelde llamado Galbau), en las cercanías de Almedíjar. O, si siguen buscando, quizá encuentren al niño perdido de Alquerías (o se conformen con la bella historia de piedad de san Vicente Ferrer y sus obras caritativas junto a las beguinas, que cuidaban de los expósitos).

Encontrarán trágicas historias de amor, como la conocida como *Roca del Moro* que comparten Alcossebre y Alcalá de Chivert. O la *Peña de la Novia* en Alfondeguilla (aunque el romance entre la cristiana Agna y el sarraceno Náger tuvo lugar cuando el paraje aún pertenecía a la Vall d'Uixó). O atreverse a saltar la cascada del Brazar en Navajas, recordando la triste historia del *Salto de la Novia*.

Quizá les llame la atención alguno de los episodios de heroísmo y astucia, como los defensores de Argelita o Castell de Cabres, con leyendas muy similares entre sí, en las que embrearon los cuernos de unas cabras para asustar al enemigo haciéndoles creer que se enfrentaban a un enorme ejército armado con antorchas. Pueden admirar o incluso odiar al Groc de Forcall, rebelde durante las guerras carlistas, y cuya hija Manuela afirmó que «daría por él mil vidas» cuando la amenazaron para que entregara a su padre. Incluso pueden viajar a Tedeliz, en la costa argelina, para vengar la afrenta contra Torreblanca y que acabó siendo liderada por un majestuoso león, aparecido en el frente tan pronto pereció el valiente almirante Pertusa.

Como un moderno Indiana Jones, pueden buscar reliquias y tesoros: el del castillo de Corbó, en Benassal, que pasó de manos
templarias a las de la Orden de Montesa, y que aún se cree que
oculta un pasaje que conduce a un estuario de aguas cristalinas
donde descansa un fabuloso botín. O, hablando de aguas, acudir a
las fuentes termales de Montanejos, donde la leyenda asegura que
el rey moro Abu-Zayd construyó unos baños para que las mujeres
de su harén se conservaran jóvenes y bellas para siempre.

Se sorprenderán de los muchos milagros que se narran: el milagro que se atribuye a la cueva Santa de Altura (y que en este
mismo volumen hemos ampliado adecuadamente), o la talla de
la Virgen de la Ortisella en Benafigós, que volvía una y otra vez
al huerto donde fue descubierta, como señalando el lugar donde
deseaba que se le rindiera culto. Verán al milagroso san Blas en
Burriana y podrán discutir si su venerada talla tiene su origen
en la Aljafería de Zaragoza o responde a la leyenda popular que
explica su hallazgo tras unas lluvias torrenciales que azotaron
la región. O, quién sabe, recuperar uno de los casi setecientos
prodigios atribuidos a san Vicente Ferrer durante su canoniza-
ción y visitar Morella, donde consiguió resucitar a un niño que
había sido horneado para él como un pastel... salvo uno de los
dedos meñiques del pequeño que, según cuentan, había mordido
la enloquecida madre para probar que estaba en su justo punto
de cocción.

Puede que incluso se estremezcan de horror al conocer el origen
de la llamada Dama Blanca de la cuesta del Ragudo, en Barra-
cas, que ha inspirado numerosas leyendas urbanas aquí y allá. O
sentir el temor que en Oropesa provocaba el pirata Dragut, un
berberisco que azotaba la costa castellonense a principios del siglo
XVII, con fama de cruel y sanguinario, y cuyas incursiones supo-
nían miles de vecinos esclavizados y trasladados al otro lado del
Mediterráneo. Y que no tengan la desgracia de oír tres golpes al
pasar junto a la cripta de San Pascual, en Vila-real: cada vez que
ha ocurrido, una gran desgracia ha tenido lugar casi de inmediato.

Podrán creer, o quizá no, que esta fue tierra de gigantes con nombres y apellidos y, al visitar Castellón, hallarán las esculturas de los titanes Tombatossals, Bufanúvols, Cagueme, Arrancapins i Tragapinyols y su denodada lucha contra el príncipe Garxolí. O que ocultamos dragones, como Faram, en Cerver del Maestre, capaz de devorar rebaños enteros y cubrir de ceniza todo a su alrededor. O que en Tírig son *rabosetes*; en Albocàsser, *llops*[17]; y por qué la fábula clásica de Esopo diferencia a los habitantes de ambos pueblos separados por el barranco de la Valltorta.

Todas estas historias, y muchas más, las encontrarán en ese volumen. El que tienen en sus manos llega a su fin con la esperanza de que hayan disfrutado de una historia fascinante, entre lo real y lo legendario, la curiosidad y la hazaña, lo divino y lo profano, de una tierra que no se termina nunca.

---

17 'Zorras' y 'lobos', respectivamente, traducido del valenciano.

CIBERGRAFÍA

3 carrozas y pico (blog personal)
http://3carrozas.blogspot.com/

El agitador
http://www.bajoaragonesa.org/

Altimetrías de puertos de montaña
https://www.altimetrias.net/

Ayuntamiento de Altura (web oficial)
www.altura.es

Ayuntamiento de Borriol (web oficial)
https://www.borriol.es/

Ayuntamiento de Cinctorres (web oficial)
https://www.cinctorres.net/

Ayuntamiento de Chóvar (web oficial)
https://www.chovar.es/

Ayuntamiento de Jérica (web oficial)
https://www.jerica.es/

Benicàssim Belle Epoque
http://www.benicassimbelleepoque.es/

Biodiversidad virtual - Etnografía
https://www.biodiversidadvirtual.org/

Blog d'Experiències Educatives al Benigasló (blog educativo)
https://pr4benigaslo.wordpress.com/

Bruixots de l'aigua - Zahoríes (blog personal)
http://bruixotsdelaigua.blogspot.com/

Cafés Miñana
http://www.cafesminana.es

Cardona Vives - Asociación Cultural de Castellón
https://www.cardonavives.com/

Castellón en ruta cultural
www.castellon-en-ruta-cultura.es

Castellón Información
www.castelloninformacion.com

Castellón Virtual
http://www.castellonvirtual.es

Castillo del Compromiso (blog personal)
http://castillodelcompromiso.org/

Cerámica Histórica de Vinaroz - Carlos Catalá Font (blog personal)
http://carloscatalanfont.blogspot.com/

Comunitat Valenciana
https://www.comunitatvalenciana.com/

Condé Nast Traveler - Revista de viajes
https://www.traveler.es/

Coves de Sant Josep
www.covesdesantjosep.es

Crónicas de Lanzarote (diario)
https://www.cronicasdelanzarote.es/

Culturama - Gestió sociocultural
www.culturama.es/

Culla, mágica y medieval
http://cullamagicaymedieval.es/

De alimañas y vermes (blog personal)
http://alimanasyvermes.blogspot.com/

De aquí y de allá (blog personal)
http://daquiydalla.blogspot.com/

La dialéctica de las imágenes
http://www.ladialecticadelasimagenes.com/

El Diario (prensa)
https://www.eldiario.es/

EIA Restauración - Grupo Zero
https://eiarestauracion.com/

España fascinante
https://espanafascinante.com/

Espeleo Club Castelló
www.cuevascastellon.uji.es

Evadirte - Territori d'experiències
https://www.evadirte.com/

Factor Xplorer (blog personal)
https://www.factorxplorer.com/

Foro Cultura Madrid (blog personal)
https://fotoculturamadrid.home.blog/

Fortificaciones de España
https://castillosricsol.es/

Fútbol Retro
www.futbolretro.es

Gogistes valencias (blog personal)
www.gogistesvalencians.blogspot.com

Historia - National Geographic
https://historia.nationalgeographic.com.es/

Hoteles.net
www.hoteles.net

Las imágenes que yo veo (blog personal)
http://www.lasimagenesqueyoveo.com/

Inforjardín (foro)
www.archivo.inforjardin.com

Infopalancia
www.infopalancia.com

Internatur - Traductores de paisajes
www.itinerantur.com

Laboratorios Calduch
https://www.laboratorioscalduch.com

Lazos - Matching Love
https://www.lazosvalencia.com/

Levante - El Mercantil Valenciano (prensa)
www.levante-emv.com

Lugares con historia - Blog de historia y viajes por España
www.lugaresconhistoria.com/

Mercadillo semanal
https://www.mercadillosemanal.com/

Mercarcei - Grupo Editorial Oleícola
https://www.mercacei.com/

Mochileros 2.0 (blog personal)
https://mochilerosdospuntocero.com/

Museo Virtual del Órgano
https://museovirtualdelorgano.com/

Pam Pam Orellut - Foros del CD Castellón
foros.pampamorellut.com/

Paperblog (blog personal)
https://es.paperblog.com/

Parc Miner del Maestrat
http://parcminerdelmaestrat.es/

Parnaseo - Servidor web de literatura española
www.parnaseo.uv.es

El Periódico Mediterráneo (prensa)
www.elperiodicomediterraneo.com

La Plana de l'Arc - Auténtica rural
https://www.planadelarc.com/

Els Ports - És autèntic
http://elsports.es/

Primero Café
primerocafe.com.mx/

La provincia de Castellón (blog personal)
https://la-provincia-de-castellon.webnode.es/

Pueblos y lugares de Castellón (blog personal)
http://puebloscs.blogspot.com/

Punt de partida (blog personal)
www.puntdepartida.blogspot.com

El Refranyer - José Gargallo Gregori
www.elrefranyer.com

Revista Aire Libre
https://webairelibre.com/

Rinconalia - Lugares para visitar
https://www.rinconalia.es/

Rumbo a Melmac (blog personal)
https://rumboamelmak.com/

Salms - Josep Porcal (blog personal)
https://www.porcar.net/

Sapos y princesas - magacín de *El Mundo*
https://saposyprincesas.elmundo.es/

Senado de España (web oficial)
https://www.senado.es/

Solo cultura, Valencia, arte e historia
http://www.jdiezarnal.com/

Tinc quimera… (blog personal)
http://tincquimera.blogspot.com/

Toni Cruz - El fútbol como excusa
tonicruzprensa.com/

Top Valencia
https://topvalencia.net/

Tour Historia
https://tourhistoria.es/

Traiguera - Essència del Maestrat
https://turisme.traiguera.es/

Troballes d'Almàssora (blog personal)
https://troballesdalmassora.blogspot.com/

Turismo de Castellón
https://turismodecastellon.com/

Universo Albinegro (blog personal)
universoalbinegro.wordpress.com/

Valencia Bonita
www.valenciabonita.es

La Vanguardia (diario)
www.lavanguardia.com

Vaya viajecito
https://vayaviajecito.com/

BIBLIOGRAFÍA

AGUT AGUT, JOSÉ ANTONIO - *Els masos de la Serra d'En Galceran* (VII Jornades Culturals de la Plana de l'Arc - 2007).

BLANES ROBERT, ANDRÉS y otros - *Repercusiones sociales de la epidemia de cólera de 1885: El mal del Ganges en Burjassot* (Colección «Burjassot tiene su historia», Universidad Popular de Burjassot - 2019).

BRUNVAND, JAN HAROLD - *El fabuloso libro de las leyendas urbanas: Demasiado bueno para ser cierto* (Alba Editorial, Barcelona - 2011).

CALVO SEGARRA, JOSÉ - *La Pastora, del monte al mito* (Editorial Antinea, Vinaroz - 2011).

CASANOVA GINER, SANTIAGO - *Col·lecció de goigs marians de la comarca de Morella*, n.º 22 (Impresor Vives y Sabaté, Barcelona - 1978).

CASES APARICIO, JOSÉ - *La leyenda de Xoneya* (Boletín n.º 7 - Instituto de Cultura del Alto Palancia, Segorbe - 1997).

CERVERA SANZ, MIGUEL - *El refranyer valencià* (Editorial Sargantana, Valencia - 2019).

ESCARTÍ, VICENT JOSEP - *La pesta a València (1647-1648). La Memòria de Francesc Gavaldà i la Carta de Pau d'Alacant* (Ediciones Alfonso el Magnánimo, Valencia - 2020).

FONT TEN, JOSEP VICENT y NAVARRO DEL ALAR, NELO - *Vora el riu d'Uixó* (Ajuntament de la Vall d'Uixó - 1984).

FONT TEN, JOSEP VICENT y NAVARRO DEL ALAR, NELO - *Els fils de la memòria* (Onada Edicions, Benicarló - 2015).

GARCÍA Y GARCÍA, HONORIO - *Notas para la historia de Vall d'Uixó* (Excmo. Ayuntamiento e Instituto Laboral, Vall d'Uixó - 1962).

LAGUNA PAÚL, MARÍA TERESA - La biblioteca de Benedicto XIII. En *Benedicto XIII, el Papa Luna: muestra de documentación histórica aragonesa en conmemoración del sexto centenario de la elección papal de don Pedro Martínez de Luna* (Universidad de Sevilla, Sevilla - 1994).

LANDETE MANCEBO, MARTA - *¿Cuánto sabes de la Comunidad Valenciana?* (Editorial Sargantana, Valencia - 2016).

LANDETE MANCEBO, MARTA - *¿Cuánto más sabes de la Comunidad Valenciana?* (Editorial Sargantana, Valencia - 2019).

MARÍN RUIZ DE ASSÍN, DIEGO - Los falsos cronicones en la historiografía murciana de los siglos XVII y XVIII (*Revista Mvgertana* - Real Academia Alfonso X el Sabio, Murcia - 2017).

MARQUÉS TORRENT, MAGALÍ - *El Maestrazgo. Un pueblo dentro de su comarca: Aras del Maestre* (Universidad para Mayores, Universidad Jaime I, Castellón - 2006).

MARTÍ DE VICIANA, RAFAEL - *Crónica de Valencia* (Edición a cargo de la Sociedad Valenciana de Bibliófilos, Valencia - 1884).

MESADO OLIVER, NORBERTO - Grabados rupestres en el término de Puertomingalvo - Teruel (*Quaderns de Prehistòria i Arqueologia de Castelló*, n.º 34, Diputació Provincial de Castelló - 2016).

OLIVER FOIX, ARTURO - *Las epidemias coléricas del siglo XIX en Vinaroz* (Ajuntament de Vinaroz, Monografies Vinarossenques n.º 1, Vinaroz - 1982).

PRATS Y BELTRÁN, ALARDO - *Tres días con los endemoniados. La España desconocida y tenebrosa* (Editorial Cénit, Madrid - 1929).

ROCA Y ALCAYDE, FRANCISCO - *Historia de Burriana* (Establecimiento Tipográfico Hijo de J. Armengot, Castellón - 1932).

SOLER CARNICER, JOSÉ - *Leyendas y tradiciones de Castellón* (Carena Editors, Valencia - 2002).

TEN ORENGA, OCTAVIO - *L'agüela Mareta no era cap bruixa* (Revista Escuela de Aprendices Segarra n.º 89, Imprenta Hijo de Armengol, Castellón - 1948).

VARGAS LLOVERA, MARÍA DOLORES - La fiesta del toro de calle. Descripción de una tradición popular en la Sierra de Espadán - *Castellón* (*Revista de Estudios Taurinos*, n.º 16, Sevilla - 2003).

ZABALA, FERNANDO - *Leyendas y tradiciones valencianas* (Editors Carena, Valencia - 1995).

EDITORIAL
SARGANTANA